KB024595

감정, 무의식의 지름길

어부 왕과
손 없는 소녀

Robert A. Johnshon 저

신장근 역

박영story

역자 서문

이 책은 서양의 대표적인 두 신화에 관한 책이다. 신화는 시(詩)와 같다. 상징과 은유로 가득 차 있다. 신화를 문자 그대로만 읽으면 그 의미를 파악할 수 없는 이유다. 신화는 상징과 은유를 통해서 어떤 산문보다 더 극명하게 인간 삶의 현실을 보여준다. 그렇기 때문에 신화가 입고 있는 상징과 은유라는 옷 안에 감추어진 삶의 의미를 찾아내는 작업이 필요하다. 문제는 신화를 비신화화해서 그 안에 숨은 메시지를 읽어내는 일이 쉽지 않다는 것이다. 그런 의미에서 저자 로버트 존슨의 작업이 귀한 것이다.

저자인 존슨은 이 책에서 모든 현대인이 겪고 있는 감정기능의 손상을 고발하며, 그 후유증으로 나타난 현대사회의 문제점을 설득력 있게 보여주고 있다. 물론 딱딱한 이론이 아니라, 서양인들에게 가장 익숙한 신화인 '어부 왕'과 '손 없는 소녀'에 대한 흥미로운 해석을 통해서다. 저자의 지적처럼 현대인들의 감정기능은 이미 견딜 수 없을 만큼 손상되어 있다. 이미 프로이트와 융과 같은 심리학 분야의 선구자들은 현대사회의 심각한 질병인 감정기능의 손상을 무의식이라는 개념을 통해 보여주었다.

현대인들은 인간다움을 이성적이고 합리적인 사고와 지나치게 동일시한다. 감정은 잘 드러내지 않는 것이 지성인다운 태도라고 현대인들은 생각한다. 하지만, 이러한 태도가 현대인들을 더 병들게 한다. 그것은 물이 가득한 대야에 바가지를 거꾸로 뒤집어 엎고 위에서 누르는 것과 같다. 억제하려고 하면 할수록 반발이 강해져서 어느 선을 넘어서면 엉뚱한 방향으로 튀어나오게 되는 것이다. 우리는 억눌린 감정들의 이런 돌발적인 폭발이 원인이 된 사건 사고로 가득 찬 세상에 살고 있다. 합리성과 이성만을 강조하는 세상에서 인간은 더 이상 숨 쉴 수 없을 정도로 답답해하고 있다. 예전보다 합리적이고 이성적으로 살려고 하는 사람들이 많아진 만큼 우울증과 불안증을 앓는 사람들이 더 많아지고 있다는 현실은 많은 것을 생각하게 한다.

저자가 '어부 왕'과 '손 없는 소녀'에서 다루고 있는 감정기능의 손상은 우리 모두의 이야기다. 하지만 여기서 주의할 것이 있다. 어부 왕과 손 없는 소녀가 각각 남성과 여성의 감정기능을 대표하는 것은 아니라는 것이다. 이것은 로버트 존슨의 사상에 가장 큰 영향을 준 융의 핵심적인 사상이다. 융은 인간을 전인적인 존재로 보았다. 즉 모든 사람은 남성성과 여성성을 함께 지닌 존재라고 생각한 것이다. 남성의 무의식 속에는 아니마라는 여성적 요소가, 여성의 무의식 속에는 아니무스라는 남성적 요소가 있다고 융은 설명했다. 개성화라고 하는 인간발달의 목표를 이루기 위해서 융이 제안한 한 가지는 생물학적 성과 자신을 지나치게 동일시하지 말라는 것이다. 즉 남성은 남자답고, 여성은 여자다워야 한다는 사회적 통념을 거부해야 한다. 과연 무엇이 남자다운 것이고, 무엇이 여자다운 것인가? 여기에 대해 일치된 견해가 있을 수 있을까? 물론 그렇다고 대답할 사람들이 많을 것이다. 하지만 다수의 이 믿음이 현대인들의 영혼을 좀먹는 편견이다. 많은 사회들 안에서 말하는 남성성과 여성성에 대한 정의는 지극히 문화적인 옷을 입고 있다. 즉 보편적이라기보다는 그 문화권에 속한 사람들의 독특한 관점인 것이다. 하지만 시간을 지나오면서, 이러한 성 관념은 절대화되고 권력화되기도 한다. 다른 사람의 특성을 정의한다는 것은 그 사람을 지배하는 가장 효과적인 방법이기 때문이다. 그러므로 상처 입은 어부 왕과 손 없는 소녀가 각각 남성과 여성의 내면적 특성을 반영한다고 생각하는 것은 편견일 뿐이다. 무의식의 현실은 그와 반대이기 때문이다. 즉 손 없는 소녀가 남성의 상처 입은 내면적 특성이라면, 어부 왕은 여성의 상처 입은 내면적 특성인 것이다.

우리가 왜곡된 남성다움과 여성다움을 추구하면서, 우리는 감정영역을 끊임없이 손상시키고 있다. 그러한 감정영역의 손상은 인간의 행동뿐 아니라 언어에 분명하게 드러난다. 우리가 익히 알듯이 한국어는 동사보다 형용사가 발달한 언어다. 하지만 현대사회를 사는 한국인들에게 자기감정을 표현하는 것보다 더 어려운 일은 없다. 이것은 특히 남성에게 그렇다. "지금 기분이 어때요?"라는 질문 앞에 한국남성들이 흔히 하는 대답은 "좋아요."나 "나빠요."다. 그들 자신의 복잡 미묘한 감정을 표현할 언어를 찾지 못해서도 그렇겠지만, 더 큰 원인은 오랫동안 이성과 합리성만 발전시키는 교육환경 속에서 감정기능을 발달시킬 기회가 없었기 때문이다. 그래서 그런지 어른이 되어서도, 아니 어른이 될수록 한국 남성들은 감정표현이 서툴러진다. 그리고 말로 자신의 생각은 잘 표현하면서도 감정표현에는 취약하다.

저자도 말했듯이, 말이 빈곤해졌다는 것은 감정기능에 문제가 생겼다는 것을 의미한다. 오늘 우리 사회에 병리적 언어가 넘쳐나고, 풍부한 감정을 표현하는 건강한 말이 점점 빈곤해지는 것은 바로 우리 내면에서 진행되고 있는 감정기능의 손상 때문이라는 것이 저자의 진단이다.

신화가 가진 기능은 다양하겠지만, 하나는 치유의 기능이다. 신화는 세계의 현실에 대한 설명이자 해석이면서, 우리가 잊고 살아온 중요한 가치를 깨닫게 해준다. 그리고 신화 자체를 읽고 주인공과 함께 순례의 길을 걷는 사람에게 주어지는 가장 값진 선물은 자아의 발견과 인격적 성장이다. 이 책의 독자들은 저자의 흥미로운 안내를 따라, 두 개의 신화 속에서 우리가 지닌 감정기능이 얼마나 놀라운 축복인지를 깨닫게 될 것이다. 제대로 된 가치를 알게 될 때 사람은 애써서 그것을 구하는 법이다. 그것은 마치 신약성경에 나오는 사람과 같다. 이 사람은 값비싼 진주를 발견하고 그것을 사기 위해 자신이 가진 모든 것을 판다. 모든 것을 팔아서 그 진주 하나를 사도 손해가 아닐 만큼 진주는 가치가 있었던 것이다. 이 책에서 저자 존슨이 말하는 감정기능도 감추어진 진주와 같지 않을까? 정말 우리의 삶에 가장 중요한 보석이지만, 많은 사람에 의해 소홀하게 여겨진 보석이 감정이 아닐까 하는 말이다.

냉정한 국제정치뿐 아니라, 코로나19로 인해 지치고 상한 사람들로 가득 찬 우리나라의 정치를 보아도 빈약한 감정기능이 얼마나 파괴적인 결과를 낳는지를 쉽게 알 수 있다. 학창시절 난다 긴다는 실력으로 명문대를 졸업하고 정계에 입문하지만, 가장 기본적인 타인의 감정을 공감하는 능력이 부족한 인재(人才)아닌 인재(人災)들이 얼마나 많은가! 자주 언급되는 정치인들의 말실수는 어찌 보면 당연한 결과라고 생각한다. 다른 사람의 아픔과 슬픔을 공감하지 못하는 사람이 미사어구만 늘어놓는다고 말다운 말이 나올 수 있을까? 다른 사람에게 진정한 위로가 되고, 갈등과 상처를 치유하는 말은

다른 이의 아픔에 대한 공감에서 나온다. 그 공감
은 헬라어에서 유래된 영어단어 "sympathy"가 보
여주듯이, 다른 사람의 고통(pathos)을 함께(sym-) 느
끼고 나누는 것이다. 그런데 이런 공감은 자신의
내면을 있는 그대로 보고, 자신의 상처를 직면하며
수용하는 데서 출발한다. 즉, 자신의 상처 입은 감
정에 대해 충분히 애도하지 않는 사람은 같은 상처
를 입은 사람을 공감하기는커녕 오히려 잔인하게
공격하는 사람이 될 수 있다. 자신에게도 있는 그
상처를 직면하기가 두렵기에 나의 상처와 같은 상
처를 가진 사람의 상처에 소금을 뿌리는 것이다.

　우리는 더 이상 "남성은 이렇고, 여성은 저렇다."
라는 고정관념에 매여서는 안 된다. '어부 왕' 신화와
'손 없는 소녀' 신화가 보여주듯이, 상처 입은 감정기
능은 우리 모두에게 해당되는 이야기기 때문이다.

　지금이라도 우리는 걸음마를 배우는 마음으로 있
는 그대로의 감정을 건강하게 표현하는 법을 배워
야 할 것이다. 에리히 프롬이 *사랑의 기술*에서 건
강하게 사랑하기 위해서는 사랑하는 법을 배워야
한다고 말했듯이, 감정도 그 표현법을 배워야 하기
때문이다. 이 책은 감정기능의 회복과 인격의 성장

이 함께 이루어지는 것임을 보여준다. 책의 번역을 마치면서 우리 사회가 이제부터라도 이성과 합리성에만 집착하는 태도에서 벗어나서, 우리 안에 풍부한 창조성의 원천인 감정의 가치에 대해 눈을 뜨기를 소망해 본다.

끝으로 이 책의 가치를 알아주고 출판을 결정해준 피와이메이트 대표님과, 역자의 졸역 원고를 정성껏 교정하며, 아름다운 장정과 창의적인 디자인으로 이 책을 빛나게 해준 피와이메이트 편집부 직원들에게 감사한다. 화룡점정(畵龍點睛)이란 이들 모두의 작업을 두고 하는 말이 아닐까?

목차

들어가는 말

이 책은 상처 입은 감정기능에 관한 책이다. 이 상처는 서구세계에서 가장 흔하고 고통스러운 상처다. 한 문화에서 상처 입는 것이 사람들의 일상사라고 하자. 그런데도 아무도 이것을 문제라고 생각하지 않는다면, 매우 위험한 일이다. 사람들은 삶의 방식에 대체로 불만이지만, 이 삶의 방식이 어디에서 기인했는지 아는 이가 없다.

사고라는 멋진 기능은 우리로 명확하고 객관적인 사람이 되게 한다. 하지만 가치를 평가하지 않는다. 감각은 물리적 세계를 표현한다. 하지만 가치를 평가하지 않는다. 직관은 폭넓은 가능성을 제시한다. 하지만 가치를 평가하지 않는다. 감정만이 가치와 유용성을 준다. 사실, 이것이 감정의 주된 기능이다. 따라서 감정기능을 잃는 것은 인간에게 가장 소중한 능력, 아마도 우리를 가장 인간답게 만드는 능력을 잃는 것이다. 감정을 무엇인가에 가치를 매기고

유용성을 주는 기능이라고 정의하면, **감정**이라는 용어를 보다 정확하게 이해할 수 있다. 감정기능이 섬세하게 분화된 사람은 우아하고 기분이 좋다. 이런 사람을 볼 때 사람들은 귀하다고 느낀다.

감정기능은 우리의 현대 생활방식의 희생물이다. 감정기능은 가장 귀하지만 상실되고 상처받았다. 상실되고 상처받은 감정기능을 찾아내는 것이 이 책의 과제다.

상처 입은 감정기능은 서구 사회에서 매우 흔하다. 서구문명을 완전히 떠나기 전에는 이 문제에 대한 통찰을 얻지 못할 정도다. 미국의 특별한 성격은 유럽의 관점에서 볼 때에만 분명하게 드러난다. 마찬가지로 서구 세계의 비밀은 동양의 관점에서 볼 때에만 분명하게 드러난다. 나도 인도에서 얼마 동안 지낸 후에야 서구인의 감정기능이 얼마나 상처 입었는지 알게 됐다.

감정이라는 용어는 그 자체로 모호하다. 매우 드문 말이다. 감정이라는 말의 진짜 뜻은 그 촉각적인 기원에서 완전히 분리되지 않았다. '감정(feeling)'이라는 말은 촉각적인 의미에서 '**느낀다**(feel)'라는 말에서 유래했다. 우리는 훨씬 미묘한 영역을 묘사하기 위해 **감정**이라는 단어를 쓴다. 가치를 평가하는 행위를 표현할 품위 있는 단어가 아직 없다. 그래서 감각 영역과 보이지 않는 탯줄로 이어져 있다. 강한 감정이 그 감정을 표현한다고 생각되는 어떤 신체 활동과 무의식적으로 연결되어 있다는 사실이 놀랄 일은 아니다. 물론 사람들은 신체행동으로 감정을 멋지게 표현할 수 있다. 하지만 감정이 신체적 영역과 무의식적으로 연결되어서는 안 된다. 감정은 멋지면서도 끔찍하고 모호한 단어 중 하나여서 우리를 매우 혼란스럽게 한다.

영어의 멋진 단어들 중 일부 단어를 삭제하려는 움직임이 진행 중이다. **신, 자유, 민주주의**, 그리고 **사랑**처럼 너무 폭넓게 사용해서 실제로는 아무 것도 의미하지 않게 된 단어들이다. 감정이라는 단어는 삭제 단어 목록의 맨 윗줄에 있을 것이다. 감정이란 단어를 어떤 단어로 대체할 수 있을지는 모르겠다. 아마 서로 의미가 다른 여러 개의 단어가 감정이란 단어를 대신할 수 있으리라. 하지만 우리는 적어도 새롭게 시작할 수 있다. 융 분석가이자 성공회 사제인 내 친구 존 샌포드는 신을 믿냐고 묻는 사람들에게 "어떤 신을 말씀하시나요? 야훼요?

여호와요? 엘로힘요? 아니면 신약성서의 하나님을 말씀하시나요?"라고 대답해서 놀라게 했다. 한 사람의 질문이 명확해지면 재치 있는 답을 반쯤은 얻은 것이나 마찬가지다.

감정을 표현하는 용어

감정기능에 관한 문제를 논의할 때 가장 먼저 부딪히는 어려움은 사용하기에 적절한 용어가 없다는 것이다. 용어가 없으면, 의식도 없다. 특정 분야에 관한 어휘가 빈곤하다는 것은 그 사회에서 이 주제가 열악하거나 가치가 하락됐다는 직접적인 인정이다. 사랑을 가리키는 단어가 산스크리트어에는 아흔 여섯 개가 있다. 고대 페르시아어에는 여든 개, 그리스어에는 세 개, 그리고 영어에는 단 한 개다. 이것은 우리가 대단히 중요한 감정 영역을 거의 인식하거나 강조하지 못한다는 사실을 보여주는 것이다. 에스키모인들의 언어에는 눈(雪)을 가리키는 단어가 서른 개나 된다. 에스키모인들에게 '눈에 대해 정확하게 안다'라는 것은 생사가 걸린 문제다. 밀접하게 관계를 맺고 함께 살아야 할 요소기 때문이다. 우리에게 사랑이나 감정 문제를 표현할 서른 개의

16

어휘가 있다면, 즉시 우리 마음에 매우 가까운 이 인간적인 요소에서 더 풍성해지고 더 똑똑해질 것이다. 에스키모가 눈을 표현하는 단어를 한 개만 안다면, 눈을 다루는 데 서툴러서 죽을 것이다. 마찬가지로 우리도 사랑을 표현하는 단어를 한 개만 안다면, 외로워서 거의 죽어갈 것이다. 모든 서구어 중에서 영어는 사랑에 관한 한 가장 부족한 언어다. 상상해보라! 아버지의 사랑, 어머니의 사랑, 자기 낙타에 대한 사랑(페르시아어에는 이런 호화로운 단어가 존재한다), 자기 연인에 대한 사랑, 그리고 석양에 대한 사랑을 표현할 때에만 사용할 단어가 따로 있다면 얼마나 풍부한 내용을 표할 수 있겠는가! 우리에게 그런 도구가 있다면 우리 사는 세상은 확장되고 측정할 수 없을 만큼 명확해질 것이다.

개인이든 한 문화든 말이 빈곤하다는 것은 항상 열등기능이다. 사람들은 우월기능으로 자신에게 가장 큰 보물을 얻지만, 여기에는 항상 열등기능의 희생이 따른다. 한 사람의 가장 위대한 승리는 항상 가장 큰 약점을 동반한다. 사고기능은 영어 사용권 국가들에서 우월 기능이지만(많은 개인들이 이 패턴에 부합하지 않지만, 이것은 일반적으로 만연한 가치나 이상이다),

이 말은 곧 감정이 우리의 열등기능임을 의미한다. 이 두 가지 기능은 서로 다른 기능의 희생을 대가로 존재한다. 한 사람이 감정기능에서 우월하다면, 사고기능에서 열등할 가능성이 있다. 그 역도 마찬가지다. 우리의 우월한 기능은 우리에게 과학과 지금껏 세상에 알려진 바 최고의 생활수준을 제공했다. 이러한 높은 생활수준은 제3세계의 부러움의 대상이다. 하지만, 이를 위해 감정기능을 빈곤하게 하는 희생을 치렀다. 감정언어에 대한 영어의 빈약한 어휘가 이러한 사실을 생생하게 입증한다. 우리에게 과학과 기술 분야에서처럼 감정에 관해서도 확장되고 명확한 어휘가 있다면, 관계의 온기와 감정의 관대함으로 가는 길 위에 있는 것이다.

인도 같은 문화에서 발전시킨 패턴을 검토하는 것은 유익하다. 이렇게 세계를 반쯤 돌아다니다보면 사람들에게 감정 영역에 대한 풍부한 어휘와 이에 상응하는 의식이 있지만, 과학, 정치, 기획과 같은 실용적인 요소에 대한 인식이 매우 빈곤함을 금방 알 수 있다. 열등과 우월에 대한 양식에서 서구 사회와 정반대인 사회를 관찰하면 많이 배울 수 있다. 그들에게 빈곤한 것에서 우리는 풍성하고, 우리에게 빈곤한 것에서 그들은 풍성하다. 일본인들이 2차 세계대전의 복잡한 내용을 일본어로는 소통하지 못하고, 감정과 감각 중심의 일본어로 완수하지 못할 일부 활동에는 영어를 사용해야만 했다는 것을 알고 정신이 번쩍 들었다. 인도인의 감정 중심적인 언어에 선로전압(line voltage), 퓨즈박스(fuse box), 동축케이블(coaxial cable)과 같은 영어 용어를 잔뜩 섞어서 말하는 것을 들으면 재미있다. 영어도 동양으로부터 만달라(Mandala), 요가(Yoga), 젠(Zen, 禪)과 같은 용어를 빌려옴으로써 향상됐다. 모든 언어는 빈곤에 찌든 이웃언어를 향상시키고 있다.

신화로 평가하는 상처 입은 감정

다행히도 우리에게는 전통 속에 나타난 두 개의 신화가 있다. 그 신화들은 언어 문제를 극복하고 곧바로 감정이라는 난제의 핵심에 이른다. 이 두 편의 신화는 성배 신화의 한 부분인 어부 왕 신화와 손 없는 처녀 신화다. 하나는 12세기 작품이고 다른 하나는 약간 후기의 작품이다. 이 두 위대한 문화적 보물은 경이로운 감정 기능에 대해 말한다. 한 신화는 상처 입은 남성성에 대해 다른 하나는

19

상처 입은 여성성에 대해 설득력 있게 묘사한다.[1]

감정기능에 상처를 받을 때 남자와 여자가 당하는 고통은 매우 다르다. 남녀 간의 긴장과 소통의 부재는 대부분 이 차이에서 발생한다. 남성의 상처와 여성의 상처에는 유사점도 많지만, 명확한 차이점도 많다. 이 책에서 소개하는 두 신화는 이런 사실을 설득력 있게 예시할 것이다.

오늘날 우리가 분투하는 많은 문제가 12세기에 발생했다. 사람들은 12세기의 바람이 20세기의 폭풍이 되었다고 말한다. 현대세계의 형성기에 기초를 놓은 서구 문명의 이정표를 살펴보는 것은 오늘날 우리가 직면한 당혹감에 대한 관점을 얻는 데 유익할 수 있다. 어부 왕 이야기는 오늘날에도 처음 이 이야기를 들은 사람이 추측하는 것보다 훨씬 타당하다. 오늘날 남자들은 대부분 상처 입은 어부 왕이다. 따라서 얼마나 우리가 이 상처들 때문에 고통 받는지와 그 상처들이 어떻게 발생했는지를

---

1) 이 흔한 문제의 남성적인 영역을 논의하는 것은 내게 꽤 편안하다. 하지만 이 문제의 여성적인 영역을 다루는 것은 두렵다. 나는 독자들이 거트루드 넬슨(Gertrude Nelson)의 책 여기서 *모두 자유롭게 거하네*(*Here All Dwell Free*, Valentine, 1993)를 읽고 그 상처의 차원에 대한 넬슨의 여성적인 지혜를 얻기를 추천한다.

이해하는 것이 중요하다. 우리는 암흑의 시대에도 이 통찰들을 소중히 여기며 무사히 우리에게 전해 준 음유시인, 화가, 야담가에게 빚이 있다. 우리는 절실하게 이들이 필요하다. 신화나 예술만이 감정과 같이 심오한 문제를 수용할 수 있다.

우리가 지금 검토하는 것은 남녀 모두의 상처다. 어부 왕이 남자들에게 직접적으로 말한다고 해도, 이 이야기는 여성 내면의 남성적인 측면에 적용할 수 있다. 비슷한 방식으로 손 없는 처녀는 남성 내면의 여성적인 측면에게 말한다.

어부 왕 이야기는 20세기에 일어난 다른 영역들의 위대한 발전과정에서 상처 입은 우리의 부분에 대한 연대기다. 과학, 개성, 새로운 자유의식, 낭만주의. 이 모든 것이 20세기에 새로운 권력을 받고 새롭게 정의됐다. 이런 일이 일어나지 않았다면, 우리의 문화는 중세에 머물러있었을 것이고, 우리의 대부분이 제3세계에 만연한 원시적인 상태에 오늘날까지 머물러있었을 것이다. 이 사건은 인간기능의 놀라운 혁신이었지만, 비싼 값을 치렀다. 어부왕 이야기는 주로 감정기능에 가해진 상처에 대한 이야기다.

1부

어부 왕

이제 어부 왕의 이야기와
어떻게 어부 왕이 그 시대의 아픔을 견디었는지를
들어보자

상처

십대인 젊은 왕자가 있었다. 왕자는 모든 젊은이의 의무인 기사수업 중이었다. 그러다가 우연히 아무도 없는 숲속에서 오두막을 발견했다. 벽난로 아래에는 불이 타오르고, 꼬치 위 연어가 구워지고 있었다. 왕자는 어렸고, 배고팠고, 충동적이었다. 게다가 연어 굽는 냄새가 아주 근사했다. 왕자는 배고픔을 달래기 위해 연어를 먹으려고 손을 뻗었다. 뜨거운 연어에 손가락을 덴 왕자는 연어를 떨어뜨렸다. 왕자가 화상을 진정시키려고 손가락을 입안에 넣으면서, 연어 한 조각이 그의 입속에 들어갔다. 이 상처가 매우 심해서 왕자는 마지막 사흘을 빼고는 남은 평생 동안 고통당했다.

이 이야기에는 몇 가지 변형이 있다. 어떤 판본에서는 왕자가 연어를 맛보고 허벅지에 상처를 입는다. 다른 판본에서는 바로 이 순간에 오두막 주인들 중 하나가 돌아왔다. 주인이 침입자가 연어를 먹는 것을 보고 쏜 화살이 왕자의 고환을 관통했다. 주인은 그 화살을 빼도 박도 못했다. 하지만, 다른 이야기에서는 독이 묻은 칼로 허벅지를 찔렀다고 하기도 한다. 어린 왕자가 생식기 부분을 다쳤다는 것에 대해서는 이 이야기의 모든 변형이 일치한다.

어부 왕은 남자의 존재에서 남성적이고, 생식력이 있으며, 창의적인 부분에 상처를 입었다. 어부 왕의 감정기능과 밀접하게 연관되어 있고, 어부 왕의 심리구조에서 모든 가치관에 영향을 주는 상처였다. 이 상처는 우리가 비싸게 주고 산 냉정하고, 엄격하며, 이성적이면서 과학적인 세계를 위해 치룬 값이다. 우리는 감정을 무시해야만 객관성, 과학적 사고, 냉정한 추론이 가능하다고 훈련받았다. 우리는 감정과 정서를 구분하지 못하고, 사람들은 대부분 그 차이를 모른다.

상처 때문에 어부 왕은 냉정해졌고, 다시는 따뜻함을 회복하지 못했다. 매우 복잡한 사람을 가리키는 속어 표현이 "냉정하다"라는 것은 설득력이 있다. 우리는 "냉정함" 때문에 죽을 수 있다. 냉정함은 어부 왕처럼 상처 입은 남자의 특징들 중 하나다. 자신이 상처 입었다고 느끼는 사람들에게서 이런 냉정함이 느껴진다. 그런 사람들은 상당히 객관적이거나 냉정한 방식으로 온기나 유대감에 응답한다. 이 때문에 즉각 자신이 "냉정함"을 느끼지 못한다. 그런 사람은 자신의 상처를 돌아보거나 인간적인 수준에서 다른 사람과 접촉하지 못한다. 여자들은 자신의 남자들 내면의 이 상처 때문에 정말 자주 상처받지만, 그토록 심하게 자신들을 불편하게 하는 것이 무엇인지 거의 통찰하지 못한다. 어부왕의 허벅지에 난 상처는 바로 성적인 문제에서 우리가 느끼는 어려움의 상징이다. 하지만 그 상처는 다른 생식기능의 상처를 대표하기도 한다. 예를 들어 자기 직업에서 적절히 창조하거나 생산하지 못하는 사람은 고갈된 것이든지, 부드러움이 적절한 때에도 온기나 친절함이 결여된 것이다.

나는 따뜻하고 활기찬 주제에 관해 말하면서 냉정하게 생각한 끝에 위 문단의 마지막 문장을 지울 참이었다. 하지만 그 문장을 그대로 남겨두었다. 자신에게 무슨 일이 일어났는지 알기 전에 서구인의 사고 속에 슬며시 들어올 수 있는 냉정함을 보여주는 사례기 때문이다! 부드러움의 적절성에 관해 말하는 것은 신성모독이다. 냉정함이라는 영어 단어가 그와 같이 끔찍한 형식 속에 정말 쉽게 흘러들어온다. 시나 노래는 이 냉정함으로부터 우리를 구할 것이다. 하지만 그것은 이 상황에서 적절하지 않다.

독일판 어부 왕 이야기에서는 어부 왕의 상처를 훨씬 더 과격하게 해석한다. 폰 에쉔바흐Von Eschenbach의 해석에서는 빛과 어두움의 본성이 충돌한다. 이 충돌은 긴장과 폭력으로 우리 시대까지 영향을 끼친다.

그 젊은 왕자는 곧 어부 왕이 될 운명이었다. 하루는 왕자가 **사랑**(Amour)이라고 쓴 깃발을 창자루에 단 채 말을 타고 외출했다. 당연히 그래야 했다. 왕자는 사랑을 찾고 있었고, 자신의 모든 것을 신의 영광의 초기 형태인 사랑에 바칠 준비가 돼있었다. 하지만 최근에 성지로부터 온 이교도 기사가 나타나면서 왕자는 곧 사랑과 연합에 대한 자신의 이상으로부터 벗어난다. 이 모순적인 사건은 어부 왕이 당한 고통의 시작이었다. 과연 누가 이교도적인 요소가 성지로부터 왔다는 모순을 극복할 수 있을까?

젊은 어부 왕자는 중세의 영웅적 수련에 복귀했다. 왕자는 창을 내리고 이교도 기사를 죽이기 위해 말을 타고 쏜살같이 달려갔다.

이 얼마나 비극적인 변신인가! 한때 아무르^{Amour}, 즉, 사랑의 원칙의 챔피언이었던 젊은 왕자가 순식간에 파괴병기로 변해서, 모든 남자를 죽일 준비가 되어있다. 그것이 기사도의 관습이며 영웅의 길이라는 것이 이유의 전부였다. 내가 알기로는 신화에서 이보다 더 나쁜 순간은 없었다. 그리고 그 문제는 에덴동산으로부터의 추방이나 프로메테우스가 불을 훔친 일처럼 심리학의 역사에서 엄청나게 놀라운 사건들에 대한 또 다른 진술이었을 뿐이었다.

독일판 어부 왕 이야기에서 젊은 왕자의 이름은 '힘이 없는 자'라는 뜻의 암포르타스^{Amfortas}다. 힘이 없는 사람은 거의 항상 과시하고, 필요하지도 않은데도 무모하게 대립한다. 암포르타스는 권력을 자신의 노력으로 얻은 것이 아니라, 물려받았기 때문에 그런 이름이 붙여졌을 수 있다. 정당하게 얻지 않고 다른 사람이 준 권력은 무력하다.[1]

---

1) 내게 이런 통찰을 준 것은 죠지프 캠벨(Joseph Campb -ell)이다.

권력은 결코 없어지지 않는다. 하지만 쉽게 비뚤어질 수 있고, 받을만한 가치가 없는 사람의 것이 되기도 한다. 암포르타스는 무력하지만, 이교도 기사는 타고난 본능적인 남성성의 모든 힘을 지녔다. 암포르타스가 이교도 기사를 만나자 극적인 드라마를 위한 무대가 펼쳐진다.

암포르타스와 이교도 기사는 격돌하고, 끔찍한 고통과 파괴를 경험한다. 암포르타스는 이교도 기사를 죽이고, 이교도 기사는 암포르타스를 거세했다. 이교도 기사의 창날 파편이 암포르타스의 허벅지에 박힌 채로 있어서, 어부 왕은 참을 수 없이 고통스러웠다. 어부 왕은 너무 아파서 죽을 것 같았지만 죽을 수도 없었다. 이것은 현대의 어떤 묘사보다 탁월한 신경증의 구조에 대한 서술이다.

곧 그 왕국의 왕이 될 젊은 어부 왕자는 성불구자가 되었고, 청년의 타고난 남성성을 상실했다. 사랑의 깃발 아래 있는 감정기능은 무력해졌고 타고난 그대로의 남성은 죽었다. 사람들은 가웨인이 아더 왕의 궁정에서 "창으로 다 얻고, 칼로 다 잃었구나!"라고 말한 것을 기억한다. "창"이라는 차별은 남성성을 최고로 창의적인 수준에 이르게 했고,

"칼이나 단창"이라는 잔혹한 폭력은 모든 것을 파괴하고, 본능을 마비시키며, 젊은 왕자를 성불구자로 만들었다.

어부 왕 이야기의 후반부 내용은 이렇다. 어부 왕은 아물지 않은 상처에서 이교도 기사의 창날 파편을 제거한다. 그리고 창날 파편 위에 새겨진 '성배(Grail)'라는 글자를 발견한다. 조지프 캠벨은 이 성배라는 글자를 이교도 기사라는 본능이 전하는 영이라고 봤다. 젊은 왕자가 최고 수준의 남성적인 본성은 본능의 힘으로 달성할 수 있음을 이해하려면 청렴결백한 사람이 필요하다. 이에 조금이라도 미치지 못한다면, 최고 형태의 남성성이 그 절정에 이르지 못할 것이다. 숭고한 형태의 이상주의나 사랑은 본능의 축복으로 작동하지 않는 한 무력하다. 본능에 근거하지 않은 한, 어떤 이상주의도 실패할 수밖에 없다.

다른 단계에서도, 어부 왕 이야기는 자연과 본능을 억압해야 영을 얻을 수 있다는 관점을 취한 것은 끔찍한 실수였음을 우리에게 말한다. 영이 신성한 정점에 오르려면 자연의 힘이 실현할 힘을 제공해야만 한다.

사람이 영적인 여정을 지속하려면 대극들이 항상 서로 밀접하다는 것을 알아야만 한다. 그것은 결코 한 대극이 다른 대극을 정복하는가의 문제가 아니라, 각자 자신만의 고유한 기능을 수행하는가의 문제다. 너무 자주 문화적 인간은 자신의 자연적 인간을 죽이고, 자연은 문화적 인간을 성불구자로 만드는 것으로 응답한다. 현대사회의 난제를 이보다 더 정확하게 진술할 수 있을까?

곧 그 나라의 왕이 될 젊은 왕자는 너무 심하게 고통을 받아서 서지도 못하고, 왕국에 대한 자신의 임무를 수행할 수도 없었다. 왕자가 무관심하자 왕국은 쇠퇴했다. 왕자의 고통을 달래주는 것은 한 가지뿐이었다. 낚시를 할 때면 왕자는 기분이 약간 나아졌다. 자신의 성을 둘러싼 해자에 띄운 배 안에서 낚시할 때면 왕자의 고통이 가라앉았다. 그렇지 않으면, 왕자는 성안에 있는 침상에 누워서 엄청난 고통에 시달렸다. 이것은 상처 입은 사람은 무의식과 접촉할 때에만 삶이 견딜만하다는 것을 알 수 있음을 말한다고 해석할 수 있다. 시, 예술적 기술, 가르침, 치료와 같은 행동들은 어부 왕의 상처를 진정시키는 활동이다. 이런 활동이 끔찍한 상처를 치유하지는 않지만, 상처 입은 사람이 진정한 치유를 향해 갈 때 삶을 견딜 만하게 한다.

상처 입은 어부 왕은 거리를 걷는 거의 모든 사람의 얼굴에서 찾아볼 수 있다. 삶의 아픔, 불안, 공포, 외로움, 처진 입꼬리. 이 모든 것은 상처 입은 어부 왕으로 요약된다.[2]

---

2) 본 각주는 다음 쪽을 참조.

각주(33쪽 참조)

2) 영웅적 이상에 대한 서양의 관점을 동인도의 관점과 비교하면 많은 것을 배울 수 있다.

나는 서양의 영웅적 이상을 품고 자랐고, 내가 동양에 방문할 때까지는 다른 어떤 대안도 몰랐다. 서양의 영웅적 이상은 평생 영웅답게 여행하는 것이다. 이것을 가장 잘 보여주는 것은 갑옷을 입고 투구를 쓰고 면갑을 가린 채, 손에 검을 쥐고 단창을 던질 준비를 하여 누구든지 기사의 결투로 도전하기만 기다리는 중세 기사다. 행악자를 찾아 정의의 검으로 찌르는 것은 기사의 영웅적인 임무였다. 특히 용들은 기사들의 적이었고, 중세 이야기들에는 아름다운 처녀의 성을 차지하고 폭정을 휘두르는 용과 싸우는 위대한 기사들의 이야기가 수도 없이 등장한다.

마상시합은 중세 기사들의 가장 큰 기쁨이었다. 기사는 이 정형화된 형식의 싸움에 많은 시간을 보냈다. 그 기사가 나중에 아름다운 처녀나 성배를 찾기 위한 외로운 도전에 나서다가 우연히 다른 기사를 만나면, 면갑을 내리고 단창을 겨눈 채, 두 기사는 서로 목숨을 걸고 싸웠다. 두 기사는 자신이 절대적인 정의의 편에 서서 싸우는 것이며, 이 고귀한 투쟁을 위해 자신의 목숨을 바친다고 해도 결코 아깝지 않다고 생각했다. 간단히 말해서, 기사는 거의 평생을 악과 싸우는 정의로 산 것이다.

동양인들은 생사를 건 투쟁에 대해 다른 태도를 보인다. 동양의 이상은 적개심의 원인을 찾고, 싸우는 양자 사이의 긴장을 푸는 것이다. 동양인들은 정반대의 것과 대립관계에 있지 않은 이상 그 어떤 것도 에너지가 충전되지 않는다는 기본적인 전제로 그 투쟁을 시작했다. 전제의 결과로 투쟁이 일어난다. 이 기본적인 전제는 다른 한 전제에서 자연스럽게 나온 것이다. 서로 대립하는 양쪽 편 중 한편을 낮출 수 있다면, 다른 한편도 같은 정도로 즉시 낮아진다. 한편이 자신의 관점에 대한 열정을 낮추면, 이해관계자 중 한편이나 양쪽 편이 갈등과 적대감을 감소시킬 수 있다.

동양 철학자의 눈에는 서양 영웅의 태도가 적개

심을 증가시키고, 지속적으로 길항작용을 일으키는 공식 그 자체로 보일 수 있다.

곧 어부 왕이 될 젊은 왕자는 서양의 이상적인 영웅을 따라서 곧 양쪽 모두에게 파괴적일 뿐인 전투에 휘말린다. 이것은 서구세계에 너무 고통스러운 부담인 우리의 상처 입은 감정기능의 비극이자 거의 해결할 수 없는 깊이다.

성(聖) 조지^{St. George}와 용의 전설은 서양의 이상적인 영웅을 흥미롭게 언급한다. 영국의 십자군들은 십자군 원정 중에 중세의 성 조지 신화를 발견했고, 그 신화를 자신들의 기호에 따라 각색한 후, 영국인다운 용기의 전형으로 삼아 고향에 가져갔다. 성 조지 신화의 본래 형태는 다음과 같다. 조지는 용을 만나서 사투를 벌인다. 잠깐 사이에 싸움에 참여한 조지와 그가 탄 말, 용은 치명적인 상처를 입는다. 셋은 모두 피를 흘리며 바닥에 누워있었다. 조지는 오렌지 나무(어떤 사람은 라임나무라고도 한다.) 아래 쓰러졌다. 이때 우연히 새 한 마리가 그의 입 바로 위에 있는 오렌지에 구멍을 뚫는다. 오렌지 즙 한 방울이 입 안에 떨어지자, 조지는 되살아난다. 그는 새 힘을 얻고 일어나서, 오렌지 하나를 따서는 즙

36

을 짜서 말의 입 안에 넣는다. 그러자 조지와 말은 치유되고 건강해져서 일어난다. 한편 용의 입 안에는 아무도 오렌지를 넣어주지 않았다. 오렌지는 오랫동안 의식의 상징이었다. 그 모양과 색깔이 태양과 비슷하기 때문이다.

이 관점은 적대관계에 에너지를 쓰는 일에 관한 것으로 악에 대한 선의 승리라는 중세적 전통보다 성숙하고 현실적인 태도다.

그림 1 라파엘作-성(聖) 조지(St. George)와 용

연어 먹기

이 얼마나 신기한 상처인가? 왜 연어 한 점이 이렇게 심한 상처를 남겼을까? 또 하필이면 왜 남자의 생식과 창조에 관련된 부분인 허벅지였을까?

연어는 그리스도에 대한 많은 상징 중 하나다. 그리스도는 땅 위에 하나님의 영광을 전달하는 고기였다. 주교가 쓰는 주교관은 물고기의 머리 모양이다. 이것은 주교가 그리스도의 계승자임을 나타내기 위해서다. 그리스도인의 초기 상징 중 하나는 두 개의 원을 겹쳐서 만든 정형화된 물고기였다. 초기 기독교 시대에는 사람들은 다른 그리스도인이 없는 한, 자신의 의미를 드러내지 않고 그런 형상의 절반을 그릴 수 있었다. 그 원은 충분히 순수했다. 다른 그리스도인은 그 상징을 인식하고 물고기의 다른 절반을 그려서 동료 그리스도인과 접촉하곤 했다.

그림 2 고대 그리스도인의 물고기 그림

매우 오래된 콥틱 기독교 논문에는 배를 타고 물고기를 낚는 그리스도의 그림이 실려 있다. 물고기는 그리스도 자신이다. 이것은 이 과정에서 물고기의 중요성과 물고기와 무의식의 근사성을 표현하는 다른 방법이다. 연금술과 콥틱 기독교의 이야기에서는 한 사람의 자기가 자신의 자기를 찾는 것에 대해서 흔히 이렇게 순환적으로 진술한다.

연어는 정말 그리스도거나 그리스도를 전하는 자다. 연어 한 점을 입에 넣는 것은 한 사람이 아직 받을 준비가 안 된 첫 번째 성찬과 같다. 연어는 금단의 열매를 먹음으로 깨어진 에덴동산의 순수와 매우 유사하다. 아담이 그랬듯이, 젊은 왕자는 자신의 것이 아닌 것을 먹었다. 보다 너그럽게 해석한다면, 무언가를 다룰 수 있기 전에 먹은 것이다. 그 결과 젊은 왕자는 아담처럼 엄청난 죄책감에 시달려야 했고, 자신의 허벅지를 가려야만 했다. 아담이 무화과 잎과 수치심을 지니고 달아났듯이, 어부 왕은 허벅지에 치유되지 않은 상처를 지녀야만 했다. 어부 왕은 분명히 의식의 도래를 경험하는 두 번째 아담이다.

불교교리에 의하면 모든 고통(즉, 상처 입은 어부 왕과 같은 심리적 고통)은 감당하기에 너무 큰 신의 영광을 체험하는 데서 비롯된다. 이와 같이 생각하면, 상처 입은 어부 왕은 연어 속에 들어있는 그리스도의 본성에서부터 비롯되었다고 말할 수 있다. 이 그리스도의 본성은 젊은 왕자가 감당하기에는 너무 크거나 너무 이른 것이다. 너무 크거나 너무 이르다는 것은 곧바로 고통으로 이어진다. 한 사람이 의식적인 방식으로 하나님과 처음으로 접촉하면 분명히 그것을 상처라고 느낄 것이다.

원탁에서 가웨인^{Gawain}(옮긴이 주: 아서 왕의 조카이자 충성스러운 신하이며, 초서의 작품에서 완벽한 기사의 모델로 나오는 인물이다)에게 "우리는 창으로 모든 것을 얻고, 칼로 모든 것을 잃었습니다."라고 말했다. 이것은 우리가 분별과 희생, 치유와 의식의 작업으로 고귀한 가치를 얻지만, 칼이 대표하는 폭력과 권력으로 모든 것을 잃는다는 뜻이다. 창은 치유하는 것이고, 칼은 죽이는 것이다. 십자가에 달린 그리스도의 옆구리를 찌른 것은 창이었다. 동방정교회에서는 오늘날까지도, 미사에서 성체를 창으로 찔러서 깨뜨린다. 고결한 집중은 왕국을 얻을 것이지만, 권력과 폭력은 왕국을 파괴할 것이다. 한 사람이 남성성이 지닌 구원하는 창의 성격과 남성성에 의한 잔혹한 칼의 파괴를 이해한다면, 그 사람은 남성으로서 여정에 필요한 차별화된 도구를 지닌 것이다.

결과를 생각하지 않고 가장 폭력적이고 거친 측면으로 남성성을 드러내는 것이 오늘날 유행이다. 하지만 항상 우리는 파괴적인 잔혹 행위와 지혜롭게 선택한 남성적 기능의 핵심인 분별 사이에서 선택할 수 있다.

가장 많은 서구인들이 아파하는 어부 왕의 상처는 감정기능 즉 가치관이다. 오늘날에는 삶의 외적 환경이 이전보다 나아지고, 차고에는 차가 두 대씩 있으며, 근무시간도 이전보다 짧아지고, 먼 이국땅

41

에서 휴가를 보낼 수도 있다. 하지만, 삶은 그 풍미를 잃었다고 불평하는 현대인이 매우 많다. 그것이 새 차이든, 더 나은 휴가이든, 더 많은 돈이나 새 부인이든 상관없이 어떤 외부의 것도 어부 왕의 상처를 달랠 수 없다. 현대인이 고통받는 어부 왕의 상처는 바로 감정기능의 상처이며, 다른 수준에서는 그 상처를 치유할 수 없다. 어떤 물리적 대상이나 사고도 어부 왕의 고통과 상처 입은 감정을 감소시키거나 생식능력을 회복시킬 수 없다.

나는 겉으로 볼 때 가진 것이 거의 없지만 매우 행복한 사람들을 보기 위해 인도에 갈 때 자주 당황한다. 그리고 내가 집에서부터 30마일만 차로 달려서 국경을 넘어 멕시코에 가도 미국인의 수준에서 볼 때 빈곤 수준 이하로 사는 사람들을 볼 수 있다. 그런데 그 가난한 사람들은 국경 북쪽에 있는 운 좋은 미국인들보다 행복하다. 미국인들은 세계 역사상 최상의 기술문명을 달성했지만 그 대가로 행복과 만족이라는 더 완전한 가치를 잃은 듯하다. 한때 앨더스 헉슬리Aldous Huxley는 우리가 어제의 욕망의 지붕을 오늘의 기대의 바닥으로 만들었다고 말했다.

한번은 내가 인도에 있는 친구에게 외로움의 문제에 관해 이야기할 수 있겠냐고 물었다. 외로움은 상처받은 감정 기능의 최악의 표현이다. 그 친구는 자신이 평생 외로웠던 때가 없어서 그 주제에 관해서는 할 말이 없다고 했다. 그 친구가 전에 한 어떤 답변보다 설득력 있는 답변이었다. 그 친구는 서구 사회에서 매우 흔하고 지속적인 동반자인 외로움과 불안을 경험하지 않은 상처받지 않은 남자였다.

이것은 어떤 용어를 사용하더라도 어부 왕의 상처라는 관점에서만 이해할 수 있다. 허벅지 즉, 감정기능에 심한 상처가 난 사람은 어떤 일에도 행복하지 않을 것이다. 덜 상처를 입은 사람이나 제3세계국가의 농민과 같은 사람처럼 자기의식의 죄책감에 상처입지 않은 사람에게는 모든 복잡사회들의 은밀한 선망의 대상인 어느 정도의 행복이 있다. 교육받은 사람이라면 누가 남태평양 섬의 낙원이나 농민생활의 고귀함에 대해 환상을 갖겠는가! 일반적으로 말해서 더 지적이고 더 고학력인 사람일수록 그 상처는 더 심해진다. 60년대 히피운동은 우리의 상처입지 않은 상태를 회복하고 어부 왕의 상처를 제거하려는 진지한 시도였다. 히피운동은 실패했다. 사람은 더 단순한 시간으로 되돌아갈 수 없고, 어부 왕의 상처를 치유하기 위해 앞으로 나아갈 수밖에 없기 때문이다. 어부 왕의 상처가 치유되는 것! 바로 이것이 어부 왕 이야기의 목표다.

어부 왕(fisher king)이라는 용어는 적절하다. 젊은 왕자는 물고기와 많이 연관되어 있기 때문이다. 우선 왕자는 물고기 때문에 상처를 입었고(불법적으로 의식을 수용하는 것은 아담과 이브 이야기에서 금지된 나무의 실과라고 불렸다), 물고기를 잡는 동안 고통이 일부나마 사라졌다. 이런 의미에서 물고기를 잡는 것은 자신의 내면 작업을 한다는 뜻이다. 즉, 꿈 작업, 명상, 적극적 상상, 그림 그리기, 음악, 시처럼 자신에게 의미 있는 모든 형식의 내적 작업을 하는 것이다. 정원 가꾸기와 '달리는 사람의 행복감'에 이르는 일처럼 세속적인 일도 한 사람의 내적세계와 접촉하게 한다는 면에서 이런 의미에서 물고기를 잡는 것이다. 물고기를 잡는 것은 어부 왕의 아픈 상처에 대한 유일한 진통제다.

이것을 보다 직접적인 용어로 해석한다면, 구운 연어를 먹는다는 것은 한 사람이 충분히 견딜 만큼 충분히 성숙하기 전에 의식으로 가져온다는 것이다. 심리학적으로 말해서 누군가의 장막 안에 실수로 들어가지 않고, 아직 다룰 수 없는 권력이나 권위를 떠맡은 적이 없으며, 어부 왕이 입은 칼과 화살의 상처와 같은 굴욕적인 패배를 경험하지 않은 십대 소년이 어디 있을까? 용감하게 성인의 과제에 도전하다가 결국 자신은 그 일을 완수할 수 없음을 깨닫지 않는 젊은이가 어디 있겠는가? 그런 모험이 유발한 굴욕감, 당혹감, 열등감은 그 젊은이 안에서 어부 왕의 상처와 특별히 깊고 고통스러운 고통을 남겼다. 그것은 경솔한 연애일 수도 있고, 절벽의 험한 면을 오르려고 하는 것일 수도 있으며, 자신이 감당하기에 충분히 능숙하지 않은 모험적 사업에 도전하는 것일 수도 있다. 어떤 남자는 새벽 두시에 이 기억들로 인해 자학한다.

많은 현대 남성들이 어부 왕의 상처를 벗어나지 못하고 평생을 불안과 열등감 속에 산다는 것은 비극이다.

상처입음의 의미

사람들은 우리의 이야기가 그리듯이 한 사람의 신체 일부가 그토록 심하게 상처 입는 일이 왜 필요한지 궁금해한다. 하지만 많은 전설들은 우리가 에덴동산을 떠나서 더 높은 의식의 영역으로 나서기 위해서는 반드시 대가를 치러야 함을 우리에게 알려준다. 한 에스키모 무당의 이야기는 다음과 같은 단서를 준다. 선한 영들은 공동체의 옛 무당이 죽으면, 그를 대신할 새로운 무당이 필요했다. 그들은 이 역할을 맡도록 훈련받을 소년을 선택했다. 그런 다음 소년을 지하세계로 데리고 들어가서, 온 몸을 토막 내서 어떤 뼈도 다른 뼈와 서로 닿지 않게 두었다. 그러고 나면 악한 영들이 와서 노출된 소년

46

의 뼈에서 모든 살을 발라먹었다. 미래의 무당이 완전히 살을 발리고 한 뼈도 다른 뼈와 닿지 않은 채 있으면, 선한 영들이 돌아와서 뼈 하나도 잃어 버리지 않도록 매우 주의하면서 모든 뼈들을 다시 맞춘다. 뼈 한 조각만 잃어버려도 새로운 무당의 신체 일부가 없어지는 것이기 때문이다. 선한 영들은 다시 맞추어진 선한 무당의 뼈 위에 새살을 입히고 그를 부족의 새로운 무당으로 받아들였다. 선한 영들은 새로운 무당의 뼈를 발라먹었던 모든 악한 귀신들에 대한 기록을 남겼다. 새로운 무당에게는 그런 악마들이 일으키는 질병을 치유할 힘이 있었기 때문이다. 무당이 모든 질병을 다 치유할 수 있었던 것은 아니다. 자신의 신체 절단 의식에 참여하지 않은 악한 영들이 일으키는 질병은 무당도 치유할 수 없었다.

말하자면 어부 왕의 상처는 의식을 얻기 위한 준비다. 무당의 힘을 현대적 용어로 표현하면 바로 의식이다. 어부 왕이 당하는 고통은 미래의 치유자 또는 천재를 위한 훈련이다. 훈련하는 고통 속에서 경험되지 못한 것은 무엇이나 이후에 그가 가질 능력이 되지 못한다. 치유자를 선택할 때 그 치유자가 경험한 내용을 아는 것과 그가 환자의 특정한 질병을 치유할 능력을 가졌는지 아는 것이 중요하다.

이것이 진정한 능력을 지닌 모든 치유자, 창시자, 예언자, 예술가, 교사, 창조자의 배경이다. 그 과정의 중간에 붙잡힌 사람은 비극적인 낙오자요, 신체가 해체된 후에 다시 맞춰지는 것을 경험하지 않은 치유자다. 한 사람이 어부 왕 경험에서 매우 심하게 상처 입었다면, 이 위험이 크다.

어부 왕의 왕국

우리의 이야기를 가장 내밀한 영역에서 이해한다면, 어부 왕은 자신의 내적 영역의 통치자고, 자신의 인생의 성격과 격조를 정하는 것이다. 만일 어부 왕(다시 말해서 한 개인의 성격의 핵심 초점)이 상처를 입으면, 전체 성격이 곤란해지고 어떤 생산적인 활동도 없게 된다. 어부 왕이 다친 부분은 생식기이므로, 한 사람의 성격에서 생식기에 해당하는 부분이 손상당한 것이다. 어부 왕의 나라는 불임의 땅으로 묘사된다. 가축들은 번식하지 않고, 과실들이 열리지 않으며, 아내들은 과부가 되고 남자들은 절망에 빠진다. 사람들은 자신이 모든 영역에서 창조적이지 못함을 발견한다. 현대인이라면 새로운 아이디

어가 떠오르지 않고, 생기가 없으며, 지루하고, 꼼짝도 하지 못하고, 우울하다고 불평할 것이다. 어부왕이 부상을 당하면, 그 왕국은 불모지가 된다.

우리는 기쁨과 가치감, 생의 의미를 주는 것은 감정의 기능임에 주목했다. 삶의 의미가 추론기능이 아닌 감정기능의 손 안에 있어야 한다는 것이 이상하게 생각될 수 있다. 하지만 이것이 사실이다. 추론과정을 통해 자신이 살아야 할 이유를 찾는 데 성공한 사람은 아무도 없었다. 칼 융CARL G. JUNG은 한 환자에 대해 말했다. 그 환자는 삶은 치유할 수 없고 예후도 아주 나쁜 질병이라고 믿었다. 이러한 주장을 반박할 어떤 합리적인 주장도 없다. 자신의 삶의 근거를 추론에 두는 것이 가능하다면, 우리는 지능만으로도 삶의 의미를 파악할 수 있을 것이다. 하지만 의미와 가치를 부여하는 것은 감정기능이다. 삶의 가장 깊은 의미가 우리의 집단적인 열등감과 같이 전혀 예측할 수 없고 길들여지지 않는 기능의 손 안에 있을 때 삶은 위태롭다.

감정기능이 상처 입고 캄캄해지면 어떤 일이 일어날까? 우리는 쓰레기 더미 위에 누워 고통으로 신음하든지 아니면 휴식하기 위해 낚시하면서 시간을 보내야 한다. 어부 왕의 이야기는 바로 이 사실을 신비한 용어로 우리에게 말한다. 중년이 되면 우리의 감정생활은 많은 부분에서 상처를 입는다. 다른 관점이 상처 입은 감정에 대해 놀라운 평가를 내놓는다. 어부 왕이 막 집은 연어를 떨어뜨렸을 때와 같이, 한때 의식 안에 있다가 다시 무의식 속으로 들어간 모든 것은 어두워지고 한 사람의 심리적 구조 안에서 증상이 된다. 한때 한 사람의 철학이나 태도에서 의식적인 부분이었더라도 그 사람이 그것을 떨어뜨리거나 거부하지 않는다면, 다음 순간에는 증상이 되고 그 사람에 대한 강박적인 권력을 지닌다. 젊은 어부 왕이 연어 조각을 떨어뜨려야만 했다는 것은 이해할 수 있다. 연어는 너무 뜨거웠고 그 화려함을 감당하기에 어부 왕은 너무 어렸기 때문이다. 하지만 이해할만하든 그렇지 않든, 결과적으로 새로운 잠재적인 비전은 증상의 영역으로 물러나고, 어부 왕은 수년 동안 씻을 수 없는 고통을 겪는다.

칼 융은 역사적 관점에서 이에 대해 언급했다. 융은 인류가 그리스 신들의 만신전(우리의 내적 구조에 대한 의식적이고 풍성한 진술)을 버리자마자 즉시 오늘날

51

우리를 특징짓는 숱한 증상들의 먹이가 되었음을
관찰했다. 우리에게는 더 이상 제우스가 없다. 대신
두통을 앓는다. 어떤 것을 의식에서 무의식으로 끌
어내린다는 것은 그것을 증상의 수준으로 감소시키
는 것이다. 이것이 사실이라면 모든 심리적 증상을
치료하기 위해서는 그 증상의 내용을 다시 의식화
하고 그것을 강박에서 능력으로 회복시켜야 한다.
간파할 준비가 되기 전까지 내면을 개발하는 일에
착수해서는 안 된다. 그렇지 않으면 개발된 내용이
무의식으로 되돌아가고 그 사람은 전보다 더 악화
된 상태에 있게 될 것이다. 미국 남부출신의 존경
받는 버드 하원의원^{Senator Byrd}3)은 세계 2차 대전 개
전 무렵 하원에서 있었던 주장, 즉 약간의 통화 인
플레이션을 하는 것은 무해하다는 주장에 대해 "약
간의 임신이 있을 수 없듯이 약간의 인플레이션 같
은 것은 없다"라는 말로 대답했다. 새로운 의식이
발달하는 온전한 방식을 받아들이기 전까지 우리는

---

3) 로버트 칼라일 버드(Robert Carlyle Byrd, 1917~2010)는
   미국의 정치인이다. 1953~1959년 하원의원, 1959년부터
   2010년 세상을 떠날 때까지 상원의원으로 재직했다. 미국
   의회 역사에서 가장 장기간 동안 하원과 상원의원으로 재
   직한 인물로 수석 상원의원, 상원의장인 부통령이 결석일
   때 현안을 대행하여 처리하는 상원 임시 의장을 역임했다.

새로운 의식을 접해서는 안 된다.

능력(어부 왕이 연어의 형태로 활용할 수 있었던 새로운 의식)은 너무 쉽게 무의식 속으로 빠져든 후 어부 왕의 상처 같은 증상으로 다시 나타날 수 있다. 이제 같은 에너지가 고통스럽게 느껴진다.

성배 성

지금까지 우리의 이야기는 뛰어난 사람의 매우 슬픈 이야기였다. 그 사람은 장차 왕국의 왕이 될 젊은 왕자였다. 왕자는 중상을 입고 고통으로 도피했다. 신화는 아무리 어두운 이야기를 지어낸다고 해도 결코 우리를 고립된 채로 놓아두지 않는다. 성배 신화는 화려한 용어로 이 일을 하며 우리에게 치료와 모든 신화의 전인성에 대한 가장 위대한 비전 중 하나를 말한다.

칼 융은 기독교가 서구인에 대한 현존하는 최고의 지도라고 말했다. 성배 신화는 기독교의 심오한 언어를 사용해서 어부 왕의 상처의 치유에 대해 서술한다.

우리는 어부 왕의 성이 성배의 보관소라는 것을 알게 된다. 성배는 그리스도가 최후의 만찬을 나눈 잔이다. 어부 왕의 성에서는 매일 밤 멋진 행렬이 벌어진다. 어여쁜 처녀가 최후의 만찬에서 빵을 담았던 접시인 성반을 나르고, 다른 어여쁜 처녀는 십자가에 달린 그리스도의 옆구리를 찌를 때 사용한 창을 나른다. 그리고 세 번째 처녀가 내면에서 나오는 빛으로 번쩍이는 성배를 나르면서 행진은 절정에 이른다. 그 성의 왕족 집단에 속한 모든 사람은 성배로 포도주를 마시자마자 굳이 입으로 말하지 않더라도 자신이 원한 것을 받는다. 즉 매일 낚시에서 얻는 위안도 없이 아물지 않은 상처로 신음하면서 들것에 누워있는 어부 왕을 제외한 모든 사람들은 그렇다. 어부 왕은 성배의 자양분과 치유를 받으려고 애쓰지만, 자신의 상처 때문에 성배가 주는 치유를 받을 수 없다.

어부 왕이 이때껏 경험한 가장 심한 고통은 스스로 초래한 고통일 것이다. 자기 밖에서는 아무런 치유를 찾을 수 없는 고통이다. 아름답거나 귀한 것이 될 뻔했지만 그것을 경험할 수 없다는 것은 가장 모호하고 잠재적인 형태의 고통이다. 자신이

55

갖고자 꿈꾼 것을 모두 소유하고, 옛날 왕들을 능가하는 성공과 소유를 누리며 풍요 속에 살지만, 이 모든 것이 자신의 입 안에서는 잿더미일 뿐임을 깨닫는다는 것은 특별한 종류의 외적 고통이다. 이러한 사실은 성배 성의 소유자가 되자마자 즉시 자기 앞에 있는 성배를 차지하지만 결코 그 성배를 만질 수 없었던 어부 왕이라는 상징을 통해 설득력 있게 진술되고 있다. 사람이 즐길 수 없는 행운, 배우자 사이에 건널 수 없는 골이 존재하는 부부관계, 예전에 자신을 설레게 한 러너스 하이[4]에는 더 이상 이르지 못하는 건강한 몸, 더 이상 공연자에게 지지가 되지 않는 박수소리…. 이 모든 것은 가장 심한 상처인 어부 왕의 상처에 대한 현대적인 진술이다.

나 역시 자신의 어부 왕의 상처 중 가장 심한 상처를 경험한 때가 있었다. 그때 나는 크리스마스를 지내러 차를 몰고 부모님 댁에 가는 중이었는데, 우연히 헨델의 메시아 공연을 홍보하는 것을 보았다. 그날 밤 샌프란시스코의 그레이스교회에서 있

---

4) 역주: Runner's high. 마라톤처럼 중간 강도의 운동을 30분 이상 계속할 때 느끼는 행복감을 말한다.

을 공연이었다. 나는 여행을 하루 반나절 미루고 내가 가장 좋아하는 이 음악이 최상의 환경에서 연주될 공연에 참석했다. 공연이 시작하고 20분쯤 되었을 때 나는 내가 성배 성의 상처 입은 어부 왕이며, 순수한 아름다움 앞에 있다는 것 때문에 견딜 수 없는 고통을 당하고 있지만, 그 아름다움에 참여할 수 없다는 것을 깨달았다. 상처 입은 어부 왕이 나와 그 음악 사이에 장벽처럼 서 있었고, 나는 그것을 만지지 못하게 하는 금지를 수반하는 무엇인가 아주 가치 있는 것에 가까이 가는 것을 견딜 수 없었다. 나는 교회를 나와서 홀로 늦은 밤까지 차를 몰았다. 내 안에 있는 어부 왕의 상처는 그날 밤 아주 깊어서 나는 아름다운 모든 것으로부터 소외되어 있었다. 나와 그 음악의 아름다움 사이에는 어떤 외부 장벽도 서 있지 않았다. 하지만 나는 소외감을 느꼈고 그 아름다움에 참여할 수 없었다. 자신이 받아들일 수 없는 아름다움의 존재보다 더 참을 수 없는 고통은 없다.

어부 왕 상처의 치유

진정한 신화는 항상 앞에 놓인 문제에 대해 처방한다. 모든 위대한 예술작품이 그렇듯이, 신화는 빛에 의해 회복되는 어둠이라는 패턴을 따른다. 우리의 이야기에서 어둠은 여태껏 상처 입은 어부 왕의 절망과 소외이다. 이것은 우리 시대에 정점에 이른 고통이다. 그렇다면 그 어둠의 대가는 무엇인가? 매우 골고루 퍼진 문제에 대한 치료제를 어디서 발견할 수 있을까?

그 답은 가장 예상치 못한 곳에서, 고통받는 어부 왕의 고통을 풀어줄 수 있는 힘을 가진 순진한 바보의 실수 속에서 찾을 수 있다.

어느 날 성배의 성으로 가는 길을 찾고 어부 왕

에게 치유를 가져온 순진한 바보의 전설은 자신들의 왕의 상처 때문에 매우 황폐해진 그 나라에서 오랫동안 알려졌다. 어부 왕 신화는 쉬운 말로 약속한다. 어느 날 자신의 위대한 임무에 대해서 완전히 무지한 젊은이가 헤매다가 성배 성 안으로 들어가게 되고, 그 안에서 매일 밤마다 진행되는 장엄한 행진을 본 다음 적절한 질문을 묻는다면, 어부 왕의 고통이 가라앉고 그 땅에서 마름병이 사라질 것이라고.

이 얼마나 대단한 힘인가! 그 힘이 머물고 있던 곳은 얼마나 기대치 않던 곳인가! 이 치유력을 가져온 것은 파르시팔이었다. 파르시팔의 이름이 천진난만한 바보를 의미한 것은 우연이 아니다. 이제 어부 왕에게 매우 큰 치유력을 준 파르시팔의 이야기를 검토해보자.

상처받은 어부 왕의 고통을 치유한 고귀한 힘이 전적으로 이 순진무구한 바보에게서 나왔다는 것은 우리를 겸허하게 하는 이야기다. 이것은 우리 내면의 가장 깊은 부분인 어부 왕은 오직 어린 소년 같고, 창의성이 풍부하며, 변덕스럽고, 생동감 넘치는 것에 의해 치유될 수 있다는 뜻이다.

파르시팔

순진한 바보 파르시팔은 유복자로 태어났다. 결점을 보충하는 영웅들은 매우 자주 힘든 자녀양육을 경험하는데 파르시팔도 이 패턴을 그대로 따랐다. 파르시팔은 아버지도 없고, 형제들도 모두 파르시팔이 태어나기 전에 살해당하고 없었다. 파르시팔의 어머니인 헤르츠라이데[5]는 기사도의 어리석음과, 모든 귀족 남성들이 시간을 보냈던 기사도 수련과, 영웅적인 전투라는 관습에 기사인 남편과 아들들을 모두 잃었다. 헤르츠라이데가 파르시팔에게 혈통을 숨기기로 결심한 것은 이해할만 하다. 청년

---

5) 역주: Herzleide. 마음의 슬픔(Heart's Sorrow)라는 뜻을 가진 독일어 이름이다.

이 된 파르시팔은 자신의 혈관 속에 흐르는 기사의 유산에 관해 아무 것도 알지 못했다. 파르시팔의 어머니는 파르시팔을 순진무구한 정원에 가두고 손으로 짠 옷을 입힌다. 그 옷은 파르시팔이 소박하게 양육되었음을 상징한다. 그러나 어느 날 파르시팔은 다섯 기사들의 파티에 가면서 순수함이 깨어진다. 파르시팔은 조상들의 패턴을 따라 영웅적인 세계로 나아가야 한다. 파르시팔은 많은 모험을 하고, 아서 왕의 궁정에 끌려가서 기사 작위를 받는다. 파르시팔은 훌륭한 스승인 구르네몽^{Gournemont}을 찾는다. 구르네몽은 파르시팔에게 진정한 기사의 삶을 살기 위한 모든 장비를 제공한다. 그러나 구르네몽조차도 파르시팔에게 어머니에게서 받은 손으로 짠 우스꽝스러운 옷을 버리도록 설득하지 못한다. 손으로 짠 단벌옷은 성배 성에서 치유하는 질문을 물어야 할 파르시팔의 숙명적인 의무가 서로 충돌하며 파르시팔의 이야기에서 중요한 역할을 한다. 손으로 짠 옷을 파르시팔 어머니의 콤플렉스로 본다면 이 상징을 가장 잘 이해할 수 있다. 즉 뒤돌아보고 엄마와 유아의 안전에 대한 유아기적 소망에 사로잡히는 모든 사람의 내면에 있는 타고난 성향이다. 이러한 억압적인 경향의 옷을 입는 것은 남성성이 지닌 회복력을 가로막는 최악의 장애다. 그러나 파르시팔이 스승과 동료들의 모든 가르침과 본보기로부터 어머니가 손으로 짠 옷을 옹호하는 감동적인 순간이기도 하다. 파르시팔은 기사수업에 가담할 만큼 충분히 남자다워졌고, 어느 날 저녁 땅거미가 지기 전에 말을 타고 숲을 통과한다. 파르시팔이 밤을 지새울 곳은 없다. 피난처도 없는 숲에서 외롭고 춥게 자야만 하는 것이다. 이러한 전망에 체념이라도 한 것일까, 파르시팔은 외로운 어부를 태운 작은 배가 떠 있는 호수를 우연히 마주 대한다. 파르시팔은 어부에게 인사한다. 그 어부는 다름 아닌, 자신을 고통에서 벗어나게 해줄 일로 시간을 보내는 어부 왕이었다. 파르시팔은 어부 왕에게 밤에 머물 곳이 있느냐고 묻는다. 어부는 30마일 안에는 그 어떤 집도 없다고 대답했다. 그런 다음 이런 말과는 모순되게도 어부는 "길을 조금 내려가서 왼쪽으로 꺾은 후 도개교를 건너면, 내 집에서 하룻밤 머무실 수 있을 거요."라며 파르시팔을 자기 집으로 초대했다. 이 간단한 가르침들은 사람들이 의식 깊은 곳에서 암기해야 할 정도로 매우 강력하다. 사람들이 고통의 손아귀에 사로잡힐 때, 그들이 어부 왕의 고통으로부터 벗어날 길을 발견하도록 하는 공식이 바로 이 가르침들이기 때문이다. 사람들은 스스로 치유할 첫 번째 지시를 내리는 것은 바로 자신 안에 있는 고통당하는 어부 왕임을 알아차릴 것이다.

그림 3 파르시팔을 맞이하는 어부 왕(1330)

우선 어부 왕은 30마일 안에는 아무 집도 없다고 말했다. 이것은 어떤 특별한 방식으로 한 사람을 도와줄 3차원 세계 안에 아무것도 없다는 것을 신화적인 방식으로 말하는 것이다. 그렇지만 계속해서 어부 왕은 말한다. 상세한 지시를 따른다면, 안정되고 안전한 장소가 멀지 않다고. 그 특별한 지시는 그 순간에 어떤 길에 있든지 그 길을 가라는 것이다. 왼쪽으로 꺾으라는 것은 무의식 또는 상상이나 환상의 세계로 가라는 뜻이다. 그 다음으로 도개교 즉 우리의 의식세계와 상상력의 내적세계 사이 경계를 건너면 기적적인 치유의 공간인 성배성 안에 이를 것이다.

이 지시들에 담긴 약속은 얼마나 단순한가! 성배성 사람들에 알려진 오래된 신화에서 약속된 것처럼, 그들의 고통당하는 어부 왕을 구원할 공식이 여기에 있다. 그 약속은 거의 모든 현대인의 가슴속에 살며 고통당하는 어부 왕에게도 마찬가지로 효과적이다.

파르시팔은 그 지시들을 따랐고, 그 길로 좀 더 가서 왼쪽으로 꺾은 후, 말발굽을 째깍거리며 도개교를 건넜다. 파르시팔이 도개교를 건너자마자 걸쇠가 닫혔다. 이 때문에 파르시팔은 거의 말에서 떨어질 뻔했다가, 균형과 힘을 평가하는 이 시험에서 살아남는다. 많은 젊은이가 자신을 치유할 도개교까지 이르지만 그 결과는 이 시험에서 낙마할 뿐이다.

파르시팔은 환영을 받으며 성배 성 안으로 들어

가고, 매일 밤마다 멋진 행렬이 펼쳐지는 곳으로 갔다. 그곳에서 파르시팔은 행렬에 참여한 모든 사람을 치유하는 성배의 기적을 말없이 지켜보고 있었다. 하지만 어부 왕은 이 기적에 참여할 수 없다.

신화의 모든 세부내용들은 중요하기에 아무리 사소한 사건이라도 다 의미가 있다. 따라서 우리는 우리 내면의 성배 성 안에서 매일 밤 우리 삶을 치유하는 광경이 일어나고 있음을 배운다. 매일 밤 꿈과 상상이라는 숨은 세계 속에서는 성배 성의 기적이 일어난다. 치유는 시간으로도 거리로도 결코 멀리 떨어져 있지 않다. 길을 조금 더 가서 왼쪽으로 꺾어지기만 하면 매일 밤 우리의 삶에서 일어나는 치유의 위대한 드라마를 발견할 수 있으리라!

하지만 한 가지 세부적인 사항이 이 시점에서 이야기에 나오는 어부 왕의 치유로부터 우리를 소외시킨다. 어부 왕의 치유에 대해 예언된 모든 것이 한 가지를 제외하고는 그대로 이루어진다. 파르시팔은 미리 정해진 질문 즉, "성배는 누구를 섬기는 것입니까?"라는 질문을 하지 않는다. 즉, 파르시팔은 그 경험을 의식화하지 않는다. 이 실패 때문에 성배 성의 거대한 행렬은 이전의 많은 밤에 그랬듯이 종료되고, 어부 왕은 치유하는 성배를 마시지 못한 채 들것 위에 누워 계속해서 고통당했다.

이 얼마나 끔찍한 드라마인가! 모든 젊은이가 고통으로부터의 구원에 이렇게 가까이 접근하지만, 삶의 소외를 끝낼 본질적인 질문에 답하지 못한다는 것이 사실일까? 그렇다. 이것은 사실상 모든 현대인이 겪는 심리적 경험이다. 현대인은 십대 중반에 삶의 의미에 대한 비전을 제시받았지만 그것을 받아들일 의식의 힘을 찾지 못한다. 첫 만남은 불가피하게 실패한다. 파르시팔이 본 아름다움을 처음 보거나 백 번째 보고 견딜 사람은 누구일까? 하지만 나중에 한 사람이 세상에서 자신의 일을 마친 후에 갖는 한 만남은 치유하는 인식 즉 질문을 초래한다.

왜 그럴까? 파르시팔에게 성배 성의 시민권을 주고, 고통받는 어부 왕에게 치유를 줄 질문을 파르시팔이 하지 못하도록 하는 이 무언의 금지는 무엇일까? 파르시팔은 의식이 준 선물을 받아들이지만 자신의 의식적 행위로 응답하지는 못한다.

나는 파르시팔을 소외시키고 결정적인 순간에 말을 하지 못하게 만드는 것은 어머니가 손으로 짠 단벌 옷(그의 어머니 콤플렉스)을 벗지 못한 파르시팔의 무능이라고 생각한다. 물론 어떤 신화에서도 이에 대한 언급을 찾을 수 없다. 파르시팔이 그의 생애 초기에 그렇게 위대한 비전을 의식적으로 경험했다면, 구원은 그렇게 일찍 올 수 없고 한 사람의 인생의 위대한 드라마는 완성되지 않았을 것이다.

파르시팔이 그날 밤을 성배 성에서 보내고 아침에 일어나보니 주변에 아무도 없었다. 파르시팔은 말에 안장을 얹고, 도개교를 지나 시간과 공간의 일상세계로 돌아온다.

성배 신화는 파르시팔이 그 후 20년 동안 아름다운 처녀들을 구하고, 용과 싸우며, 포위된 성을 해방하며, 가난한 사람들을 도왔다고 전한다. 이것은 모든 청년 초기와 중년 사이에 성배 성을 방문할 두 번째 기회를 얻는 모든 남성들의 경험이다. 운명은 친절해서 의식과 무의식 사이의 베일이 희박해질 때 우리에게 인생에서 두 번의 기회를 준다. 첫 번째 기회는 한 사람이 무상으로 위대한 비전을 보도록 허용되는 중기 청소년기이고, 또 다른 기회는 권리를 얻은 경우에 자신의 비전적인 삶에 이를 수 있는 중년이다. 성배 성은 한 사람의 인생에서 매일 밤 가까이에 있으며 언제든지 경험할 수 있지만, 이 중요한 두 시기에 가장 쉽게 성취된다.

한 남자의 중년기가 파르시팔 이야기에서 다시 언급된다. 한 남자의 중년기의 삶을 채울 모든 처녀와 용들과 고귀한 행동이 다시 언급되고, 우리는 그 남자가 성배 성을 만질 수 있는 시기에 그를 다시 발견한다.

이번에 우리가 발견한 파르시팔은 영웅적인 여정에 지치고, 피곤하며, 탈진한 중년 남성이다. 아름다운 처녀들은 매력을 잃었고, 용들은 더 이상 그에게 영웅적인 행동을 할 영감을 주지 않는다. 파르시팔은 인생의 젊은 활력을 다 써버렸고 활력은 메말라버렸다. 하지만 이 모든 활동에서 어머니가 손으로 짠 옷을 벗었고, 이제 자유롭게 자신의 손상되지 않은 남성성을 성배 성으로 가져왔다.

어느 날 파르시팔이 말을 타고 터덜터덜 가고 있을 때 순례자 무리가 파르시팔에게 이의를 제기했다. "나리는 우리 주님이 돌아가신 날 왜 전신갑주를 입고 계십니까? 오늘이 성금요일인 것도 모르십니까?" 그랬다. 파르시팔은 그날이 성금요일이라는 것을 몰랐고 그런 것에는 거의 관심이 없다. 그러나 순례자들은 파르시팔에게 갑옷을 벗고 자신들과 함께 근처에 사는 은둔자에게 고백을 하러 가자고 설득한다. 늙은 은둔자는 파르시팔에게 엄하게 굴며, 파르시팔이 저지른 모든 죄와 실수를 그에게 열거한다. 파르시팔이 저지른 최악의 실수는 성배 성에서 시급하고 중대한 질문을 하지 않았다는 것이었다. 그 질문은 고통받는 어부 왕을 회복시킬 수도 있었을 것이기 때문이다. 파르시팔은 자신의 삶의 위대한 전망을 이해하고, 자신의 인생에서 가장 중요한 의무를 떠올린다. 그것은 바로 고통받는 어부 왕을 치유하는 일이었다. 늙은 은둔자는 파르시팔에게 지시했다. "길을 조금 내려가서 왼쪽으로 꺾은 후, 도개교를 건너시오." 그것은 파르시팔이 20년 전에 받은 것과 같은 지시였다. 그렇다. 길을 조금 내려가서 왼쪽으로 꺾어지기만 하면 성배 성에 이를 수 있다. 하지만 사람은 최선을 다할 때에만 그 성에 이를 수 있다. 그것이 젊은 시절의 순수함으로 한 최선이든지 중년에 얻은 권리에 의한 최선이든지 상관없다. 어쨌든 사람은 최선을 다해야 한다. 그때 사람은 숭고한 사실을 볼 수 있다. 가톨릭교회는 이러한 사실을 하나님의 은총이 항상 유효하지만, 은총이 효력을 나타내려면 먼저 인간이 그 은총을 간구해야 한다는 중세의 신학적 정식으로 제시한다.

파르시팔은 성배 성을 쉽게 회복하고, 자신이 그 앞에서 거룩한 행렬이 벌어지고 있는 그레이트 홀 안에 있음을 알게 된다. 이때 파르시팔이 중요한 질문을 던진다. 성배는 누구를 섬기는가? 그리고 즉시 그 대답을 알게 된다. 성배는 성배 왕을 섬긴다. 이제야 우리는 성배 성에 살면서도 결코 자신을 드러내지 않는 늙은 왕이 성배 성의 중심이자 그 위대한 힘의 중심임을 알게 된다. 파르시팔은 이 간단한 질문과 그와 같은 간단한 대답으로, 한 남자의 삶에서 가장 큰 비밀을 알게 된다. 사람들은 성배 성이 그랬던 만큼이나 가까이에 성배 왕(희미하게 변장한 신에 대한 묘사)이 있었음을 발견한다.

삶의 의미는 권력과 진보를 추구하는 데 있지 않고 자신보다 더 큰 대상을 섬기는 데 있다. 칼 융은 이러한 진술을 현대적인 용어로 옮겨놓았다. 즉 칼 융에 의하면, 인생의 의미는 자아로부터 자기로 인격의 무게중심을 옮기는 것이다. 무엇이 인생의 의미냐고 묻는다면, 대부분의 사람들은 자신(자신의 계획과 자신의 관계)을 섬기는 것이라고 대답할 것이다. 성배 성이 말하는 것은 인생이란 한 개인의 자기보다 더 큰 무엇인가를 섬기는 것이라는 점이다.

이것은 우주의 중심을 자아로부터 자기로 옮기는 코페르니쿠스적 혁명을 요구한다. 그리고 우리의 성격에서 일어나는 그 혁명은 역사에서 일어난 코페르니쿠스적 혁명만큼 고통스럽다.

이야기의 세부적인 사항들은 고무적이다. 파르시팔은 그 질문을 묻기만 하면 된다. 그 질문에 답할 필요는 없다. 한번 질문을 하면 답은 개인적인 지혜의 창고보다 더 큰 근원에서부터 나온다.

파르시팔이 운명적인 질문을 던지는 순간(즉, 의식에 동의하는 순간) 상처 입은 어부 왕은 고통스러운 들 것에서 일어나서, 기적적으로 건강과 기력을 회복한다. 온 왕국이 그들의 강한 왕이 돌아온 것에 대해 기뻐하고, 기쁨과 생명의 위대한 봄날이 시작된다.

치유된 어부 왕은 삼일 후에 죽는다. 이것은 어부 왕 이야기에 나오는 그에 대한 부분 중 기이한 결말이다. 하지만 생각해보면 이해할만 하다. 우리가 성숙한 사람으로 발달하는 데 있어서 그 역할을 다한 우리의 상처 입은 부분은 뒤에 남겨질 수 있다. 파르시팔은 성숙한 영웅이므로 어부 왕의 상처는 더 이상 필요하지 않다.

우리의 이야기는 상처 입은 감정기능의 치유를 신화적인 언어로 제시한다. 그리고 한 개인의 인생에서 실제적인 변화는 덜 극적이고 그렇게 영광스러운 순간이 아닐 가능성이 있다. 하지만 그 공식은 여전히 유효하다.

회복된 감정기능

왜 이 모든 것을 감정기능과 연관시키느냐고 묻는
사람도 있을 것이다. 특별히 그렇게 하는 이유는 서
구 문화에서 완전히 다른 세트의 환경 속에서 감정
기능은 상처 입었고, 전형적인 20세기 동안 고통당
했고, 한 현명한 사람의 영웅적인 행동으로 회복되
었기 때문이다. 서구문화에서 매우 무시당하고 상처
입은 것이 감정기능이었기 때문에, 어부 왕의 이야
기는 우리 경험 속에 있는 감정기능에 해당한다.

우리는 20세기의 신화에 감사할 수 있다. 우리
세계의 많은 부분이 시작하고 있었을 때, 그 신화
는 이 상처와 최종적인 치유에 대한 정의를 제공했
기 때문이다.

2부

손 없는
소녀

지금까지 우리는 남성의 관점에서 상처 입은 감정 기능에 대해 설명했다. 이 영역에 속한 여성의 경험을 탐색하는 것은 딱 들어맞는 많은 유사점과 놀랄만한 차이를 발견하는 것이다. 남자는 주로 생식기 기능의 상처 때문에 고통당한다. 생식기는 직접적으로는 남자의 성적 활동과 직접 연관되고 간접적으로는 이 남자가 더 이상 창조할 수 없다는 것을 더 미묘한 방식으로 표현하는 것이다. 감정기능이 상처 입으면, 여자도 생식기나 창조적 기능에 발생하는 똑같은 불능으로 고통받는다. 하지만 이 상처는 한 여자의 일할 능력이 없음에서 나타난다. 그리고 여성의 상처에 대해, 우리의 신화에서 상처 입은 것은 바로 여자의 손이라는 사실은 놀랄 일이 아니다. 상처 입은 여자는 큰 소리로 외친다. "내가 할 수 있는 게 뭐야? 구애기간과 애 키우는 시기가 지나면 여자들을 쓰레기 더미에 던지는 이 세상에서는 내가 쓸모없고 뒤떨어지며 열등한 것 같아!" 이렇게 외칠 때 여자들은 남성우월주의적인 태도로 여성들에게 부차적인 활동 외에는 하지 못하게 하는 남자들에 대한 심한 적대심을 보인다. 다양한 변형이 있겠지만, 여성들의 외침은 바로 이것이다.

"내가 할 수 있는 게 뭐야?"

여성의 감정 영역으로 들어갈 통찰을 제공하는 좋은 여성들의 이야기는 거의 없다. 이야기들은 대부분 그 화자가 남성이거나, 남성에 관해 말하거나, 여성적인 신비를 가리고 있다. 이것은 우리의 근대사에서 가부장적 가치의 지배를 보여주는 또 다른 예일 뿐이다. 하지만 다행히도 매우 좋은 여성들의 이야기가 서너 개 있어서, 우리는 이 탐구에서 우리를 인도할 이야기 하나를 선택할 수 있다.

손 없는 소녀 이야기는 우리가 이용할 수 있는 이야기 중에서 여성들이 경험한 감정기능의 상처에 대한 가장 감명적인 묘사다. 그 이야기는 정확하게 현대 여성들에게 하는 이야기 같다. 그리고 좋은 신화들이 다 그렇듯이, 문제를 말한 다음 해결책을 처방한다. 성배 신화가 그랬듯이, 이 이야기는 유럽사의 한 시점에서 유래했다. 그 시대에는 집단무의식이 그 전개의 다음 단계를 만들고 있는 그 깊은 곳에서 현대와 같은 우리의 태도가 형성되고 있었다. 유럽에서는 손 없는 소녀 이야기의 많은 판본이 등장했는데 이는 그 경험의 보편성을 보여준다. 우리는 이 이야기가 주는 통찰에 대해 감사하게 될 것이다.

손 없는 소녀 이야기의 많은 부분은 남자들에 관한 내용을 다루지만, 그것은 단지 남자들이 아니라 악당으로 묘사되고 있는 남성성이기도 하다. 물론 남성에게 지배당하는 여성의 종속에 대한 역사는 길다. 하지만 문제는 여성의 남성적인 측면이 흔히 무기력한 그녀의 여성성에 영향을 미치는 폭정에서도 똑같이 어렵다. 언젠가 마리온 우드맨이 나와 함께 한 강연에서 여성 안에 있는 아니무스1)(여성 심리의 남성적 요소)가 어떤 남자보다 더 강한 폭군이 될 수 있다고 말했다.

---

1) 역주: 칼 융이 처음 사용한 용어임. 칼 융은 남성의 심리 안에는 여성적 요소인 아니마가 존재하고, 여성 안에는 남성적 요소인 아니무스가 존재한다고 보았다.

악마의 거래

손 없는 소녀의 이야기는 사람들이 기억하는 한, 오랫동안 마을을 위해서 곡식을 빻아온 방앗간 주인 이야기로 시작한다. 방앗간 주인은 손으로 맷돌을 돌려서 자연 그대로의 곡식을 문명화된 산물인 곡물가루로 바꾸는 일을 열심히 한다. 이것은 정직한 일이고 방앗간 주인은 그의 타고난 힘과 때때로 맷돌을 돌리는 가축의 도움으로 마을사람들의 삶에 기여한다. 이것은 방앗간 주인이나 가축들의 힘으로 이루어지는 고된 공정이다. 누구나 기억할 수 있는 한은 그랬다. "네가 흙으로 돌아갈 때까지 얼굴에 땀을 흘려야 먹을 것을 먹으리니."[2]는 이 문

---

2) 창세기 3:19 상반절. 개역개정 성경.

화적 단계에서 성경적인 원칙이다.

어느 날 악마가 나타나서 말한다. "대가를 지불하면(모든 사탄의 제안은 이런 식으로 시작한다), 내가 네게 훨씬 덜 수고하고 훨씬 더 빨리 곡식을 빻는 법을 보여주겠다." 방앗간 주인은 곧바로 흥미를 느끼고 그 악마와 거래한다. 분명히 덜 일하고 더 큰 성과를 얻을 수 있다면 그것은 완벽한 것이다. 하지만 그 대가는 무엇인가? 그것은 바로 방앗간의 뒤쪽에 서 있는 것이다. 방앗간 주인은 악마가 방앗간 뒤쪽에 서 있는 오래된 나무를 말한 것이라고 추측한다. 그 나무라면 그의 인생을 아주 멋지게 향상시킨 것의 값치고는 아주 가치 없고 매우 싼 것이다.

그래서 악마는 기계에 대한 전문지식을 동원해서 맷돌을 물레방아에 연결했다. 방앗간 옆에서 흐르는 시냇물의 힘으로 손쉽게 맷돌을 돌리도록 한 것이다. 그 방앗간은 이제 생산능력이 향상되어 운영되었다. 그리고 정말 수고 없이 맷돌을 돌려서 이전에 비해 몇 배나 많은 곡물가루를 생산했다. 방앗간 주인은 기뻐했다. 방앗간 주인의 아내는 방앗간에서 나온 추가적인 소득 때문에 바빴고, 방앗간 주인은 남는 시간에 무엇을 할지 고심했다. "더 쉽게", "더 빠르게", "더 많이"는 현대인의 마음에 대단한 유혹이다. 방앗간 주인의 딸은 이것에 무관심한 채 계속해서 순수하게 살아간다.

방앗간 주인은 치러야 할 대가가 있다는 것을 쉬이 잊을 정도로 새롭게 확장된 자신의 삶을 매우 기뻐한다. 그래서 잠시 후 악마가 다시 나타나 그의 대가를 요구했을 때 방앗간 주인은 깜짝 놀란다. 방앗간 주인은 악마와 함께 오래된 나무를 가지러 방앗간 뒤꼍에 간다. 하지만 자신의 딸이 거기 서 있다는 것과 악마가 요구한 대가가 바로 자신의 딸이라는 것을 알고 공포에 질린다. 방앗간 주인은 비참했지만 딸을 악마에게 준다. 크게 확장된 방앗간을 포기할 수 없기 때문이다. 악마는 딸의 두 손을 잘라서 가져가 버린다. 이 이야기의 다른 판에서는 악마가 방앗간 주인의 아내의 두 손을 대가로 요구하지만, 그 늙은 여인은 그런 거래를 하기엔 너무 교활해서 딸의 손을 내어주기로 동의한다. 이 이야기의 모든 이본에서 방앗간 주인의 딸은 반대하지 않는다.

가장 끔찍한 일이 벌어졌다! 어린 여성을 희생해서 기술적인 진보를 얻은 것이다. 현대인은 하루에도 여러 번 이런 거래를 한다. 우리가 어떤 실제적인 목적을 위해 체육관에 가거나 주말에 캠핑 가는 것을 포기할 때마다 그리고 더 많이 고속도로를 왕복하는 일에 동의할 때마다 우리는 감정 가치를 희생해서 실제적인 진보를 사는 것이다. 이것이 바로 방앗간 주인의 거래다. 사실 그런 거래는 수두룩하다. 우리는 그것이 현대적인 형태를 띤 악마의 거래임을 보지 못한다. 그 정도로 악마의 거래는 우리의 정신 속에 깊이 새겨져 있다. 방앗간 주인은 그 방앗간의 효율성이 증가한 것에 대한 대가를 지불해야만 한다는 것을 잊는다. 마찬가지로 우리는 아무런 대가도 없이 실제적인 진보를 얻을 수 있다고 생각한다. 이 망상은 식료품점에서 '한 개 가격에 두 개' 또는 '두 번째 상품은 단 돈 1센트', '같은 가격에 1/3을 더' 또는 '이 상품은 7달러 99센트에서 4달러 99센트로 가격 할인됨'과 같이 그들만의 용어가 넘쳐나듯이 현대인의 정신에서 매우 흔하다. 우리는 일상의 거래에서 공짜로 무언가를 얻지 못하면 만족하지 못한다. 시장에서 이 망상의 외적 차원은 위험하지 않다. 하지만 그것은 감정과 가치의 내적세계로 가는 매우 짧은 단계다. 외적 논리는 매우 쉽게 내적 감정을 진정시킨다. 사람은 하루에도 여러 번 외적 이익을 얻기 위해 일부 감정 가치를 포기한다.

방앗간 주인은 현대세계의 첫 번째 기술자다. 방앗간 주인은 시냇물로 자신의 일을 하게 만든 첫 번째 사람이다. 또한 딸의 손이라는 재앙적인 대가를 치렀다. 우리는 줄지어 선 방앗간 주인들에게서 유래했고, 그 감염의 정도가 심하다. 현대생활에서 젊은 여성은 자신의 몸을 잘라내는 대가를 하루에도 여러 번 지불한다. 사람이 악마와 거래를 하면 자신이 수고 없이 이익을 얻을 수 있다고 믿는다. 우리는 이 이야기의 교훈을 파기한 채, 한 사람이 수고 없이 이익을 얻을 때 그는 감정의 세계에 속한 중요한 것을 주고 쓸모없는 것을 얻을 가능성이 높다고 말할 수 있다. 이 "쓸모없는 것"이 우리 시대의 진정한 특징인 공허감의 주된 원천이다.

공기와 햇빛, 음식, 즐거움과 같은 세상 만물은 자연이 거저 준 선물이다. 우리는 이것들을 죄책감이나 상처 없이 즐길 수 있다. 타고난 관대함을 돈이 지배하는 시장의 상품으로 바꾸는 것이 악마의 계략이다. (심리학적으로 말해서) 기계화는 우리를 악마의 계교의 핵심으로 인도하고 결국 우리의 감정 기능을 많이 파괴한다. 단계를 혼동할 경우에만 그런 큰 혼란이 일어날 수 있다.

우리는 이러한 난제를 어머니 콤플렉스와 어머니 원형 사이의 대립으로 표현할 수 있다. 어머니 콤플렉스는 인간심리의 퇴행적인 요소다. 인간은 이전의 적응단계로 돌아가고 싶어 하고, 모든 것을 제공해 주면서도 어떤 노력도 요구하지 않는 어머니의 돌봄을 받고 싶어 한다. 어머니 콤플렉스는 의식의 퇴행을 통해 수고 없이 이익을 얻는 기술이다. 어머니 원형은 우리에게 생명을 주고 그 생명에 필요한 모든 것을 주는 자연의 관대함이다. 어머니 원형은 살아있다는 사실에 의해 모든 사람이 받는 유산이다. 어머니 원형은 순수한 선물이며 자연 질서의 생태환경 안에 있는 자연의 관대함과 함께 살아가는 기술이다.

어머니 콤플렉스라는 순수한 독과 어머니 원형이라는 순금 가운데 어느 쪽이 우리 삶을 지배하는가는 전적으로 태도의 문제다. 만일 어떤 사람이 최소한의 노력이나 비용으로 인생에서 얼마나 많은 것을 얻을 수 있는지 보려고 인생을 살아간다면,

그 중 하나는 어머니 콤플렉스의 손아귀에 놓이게
될 것이다. 만일 어떤 사람이 인생의 아름다움과
장엄함을 깨닫는다면, 그 사람은 어머니 원형을 경
험한 것이다. 이 구별에서 중요한 문제는 퇴행과
존중이라는 특정한 여성적 가치들이다.

　이런 면에서 여자들은 남자들보다 훨씬 지혜롭
다. 방앗간 주인과 같이 서투르고 파괴적인 선택을
하는 여자는 거의 없다. 하지만 남성지배적인 우리
사회에서는 많은 사람이 그런 선택을 한다. 우리는
감정의 상실을 대가로 지불하고 기계적인 이익이라
는 큰 유산을 얻는다. 악마와의 거래를 집에서 시
장으로 가져오는 것은 잘못된 일이 아니다. 나는
공정한 거래를 좋아한다. 하지만 내적 가치를 대가
로 거래하는 것은 매우 위험한 일이다. 관계에서
자신의 책임을 다하지 않으면서 다른 사람으로부터
감정을 얻는 것은 악마의 거래. 만일 한 사람이
자신은 관계를 맺지 않으면서 누군가 관계를 맺어
주기 원한다면, 이것은 가장 최악인 악마의 거래.
감정적 가치를 대가로 물질적 편안함을 구하는 것
은 악마의 거래.

　고도로 훈련된 외과의사가 응급실에서 근무하고

있어서 갑자기 맹장염에 걸린 나를 돌보려면, 누군가가 이 기술을 갖추기 위해서 수많은 시간을 학교 수업과 수련훈련으로 보내야만 한다. 나의 신체적 세계가 보호받을 수 있기 위해서는 누군가가 자신의 젊음과 자발성의 일부를 포기해야만 한다. 이것은 매우 공평하지만 매우 냉정한 거래다. 한사람의 여가의 대부분을 간접적으로 희생하게 하는 호화스러움에 대한 요구는 아주 쉽게 충족되지 않는다. 관계의 틀을 벗어난 성적 경험에 대한 요구는 엄청난 대가를 수반한다. 그것을 요구하는 사람은 남자든 여자든 여성적인 모든 것을 지불해야 하기 때문이다. 악마의 거래는 매우 다양한 형태로 찾아온다.

누가 이 거래에 대가를 지불할까? 일반적으로 그 사람은 성숙한 여성인 방앗간 주인의 아내가 아니다. 왜냐하면 방앗간 주인의 아내는 그런 대가를 지불하기에는 너무 매정하고 약삭빠르다. 하지만 젊은 여성은 한 사람의 감정에서 가장 부드러운 부분이다. 젊은 여성은 사람들이 항상 대가로 지불하면서도 이 사실을 알지 못하는 감정생활을 가리킨다. 정서, 우울증, 일반적인 불쾌감은 사람들 안에 있는 그 젊은 여성이다. 현대세계에서 하루에도 여러 번 우리에게 제공되는 악마의 거래를 안다는 것은 부드러운 여성성을 상징하는 어린 딸을 보호하기 시작하는 것이다.

사람들이 악마의 거래를 자주 직면하는 때는 하루를 어떻게 보낼지 계획을 세울 때다. 사람들은 얼마나 많은 것을 자신의 하루에 밀어 넣을 수 있을까? 최소한의 지불로 내가 얼마나 많은 것을 얻을 수 있을까? 하루 중 몇 번이나 감정(딸의 두 손)이 우선순위에서 실용성에 밀릴까? 얼마나 많은 날을 음악도 안 듣고, 체육관에도 안 가고, 해 질 녘 산책도 안 한 채 지날까? 휴가도 가기 전에 수많은 악마의 거래에 에너지를 다 썼다는 이유로 우리는 얼마나 많은 휴가를 반쯤 망칠까?

손 없는 소녀의 이야기는 다양한 수준에서 발견할 수 있다. 흔히 그런 거래의 대가는 남자의 아내 얼굴에 새겨진다. 또는 훨씬 더 흔하게 그 남자의 딸의 자기 확신 위에 새겨진다. 혹은 방앗간 주인의 가치감과 의미감의 중심인 감정생활의 가장 깊은 영역에 있을 수 있다.

희생양 만들기는 악마의 거래 문제에 대해 가장 인기 있지만 도움이 안 되는 해결책이다. 이 비열한 기술은 자신에 대한 비난을 다른 사람이나 다른 상황에 떠넘긴 다음 그 타자를 망각하는 것이다(물론 자신은 이러한 망각이 하는 일이라고 생각하겠지만). 사무실이나 교회, 동호회와 같은 모든 소규모 공동체가 존재할 수 있는 것은 부분적으로 희생양 만들기라는 기제 때문이다. 많은 사람이 무의식적으로 불행한 개인을 선택해서 그 사람에게 공동체의 죄를 떠넘기는 것이다. 여러분이 참여한 소규모 공동체를 살펴보라. 그리고 그 공동체가 어떻게 그에 속한 몇몇 개인들을 무시함으로써 자존감을 유지하는지 관찰하라. 모든 곳에 희생양이 있고, 모든 사무실에 왕따가 있으며, 모든 교회에 추방자가 있고, 모든 가족에 골칫덩어리가 있다. 더 넓은 세상에는 인종, 국적, 피부색이라는 이름의 희생양 만들기가 존재한다.

한 알코올 중독자는 가장 고약한 악마와 거래한다. 그 중독자는 아내를 내어주고 자신의 고통을 망각과 맞바꾼다. 더 흔한 경우는 딸을 내어주는 것이다. 딸이 인격임을 잊는 것이다. 여자가 흔히 느끼는 공허감은 그녀 곁에 있는 방앗간 주인 인격의 대가인 공허감인 경우가 많다. 알코올중독자의 딸은 일반적으로 손 없는 소녀다. 딸은 겁에 질려 있고 무능하며, 삶에 대처하지 못하고, 걷잡을 수 없는 열등감을 느낀다. 새로운 도전을 직면한 딸의 첫마디는 "난 못해."다. 이것은 우리의 이야기가 정의하는 대로 "손 없음"의 직접적인 결과다. 또는 그 일이 그녀의 인생 초기에 일어났다면, 그녀의 허락도 없이 행해졌을 수 있다. 방앗간 주인과 부인이 모두 딸을 희생양으로 만드는 데 동의한 것은 인류에 대한 끔찍한 기소다. 자신의 손을 잃을 것인가 아니면 가족을 잃을 것인가 중에서 양자택일해야 하는 것은 끔찍한 선택이다.

우리는 이러한 사실을 보여주는 눈에 띄는 사례를 에티오피아의 근대사에서 발견할 수 있다. 하일레 셀라시에^{Haile Selassie}3)가 자기 나라에 대한 강탈을 지적했을 때 옛 국제연맹(League of Nations)4)은 무시했다. 위대한 아버지와 어머니로서 세계 다른 국가들은 이 악마의 거래에 채무불이행하는 것에 동의했다.

---

3) 에티오피아의 황제(1930~1974)로 본명은 Tafari Makon -nen이다. 에티오피아의 근대화를 추진했고 제2차 세계대전 후에는 에티오피아를 아프리카 정치의 본류로 끌어들였을 뿐 아니라, 국제연맹(League of Nations)과 국제연합 (United Nation)에도 차례로 가입시키기도 했다.
4) 국제연합의 전신이다. 국제연합의 유럽본부인 제네바 사무국은 그 전신인 국제연맹의 본부 사무국이었다.

제 아무리 인생에서 눈부신 성공을 거두었다고 해도, 자녀에게 아비 노릇을 하지 못한 사람은 자신의 딸을 손 없는 소녀로 세상에 들여보내는 것이다.

이 이야기의 내적 수준은 훨씬 모호하고 따라가기 힘들다. 그것은 남자 자신의 가장 내적인 감정 구조의 상처다. 이 상처는 불쾌한 정서로 표현된다. 자신이 가치 없다는 느낌과 무력하다는 느낌이다. 이 상처는 인생의 가치와 의미가 부식되는 것으로도 표현된다. 어린 여성성을 헐값으로 내놓는 것은 한 사람의 인생에서 가장 귀중한 영역과 세상 속에서 그의 의미감을 잃는 것이다. 이것은 과장 없는 사실이고, 그 사람이 자신의 내면에 있는 손 없는 소녀를 탐색할 때까지는 스스로 생각하는 것보다 가까이에 있는 문제다. 상한 감정, 상처, 외로움, 무가치함. 이것들은 한 사람의 내면에 있는 손 없는 소녀. 한 사람의 부드러운 여성적 감정 가치가 손상되면, 어떤 외적인 영웅적 행동도 한 사람의 삶의 의미를 회복시킬 수 없다.

기계의 속임수

그리스어 **메케네**(Mechane)라는 단어는 **기계**(machine)라는 말의 어원이며 **모략**(Machination)이라는 말의 뿌리기도 하다. 이 메케네라는 말은 매우 진지한 함의를 지니고 있다. 메케네라는 말의 어원은 속이는 것을 의미하고, 메케네라는 단어와 관련된 모든 단어는 어두운 성격을 띤다. 한 사람이 기계적인 사물이 그 목적을 이루지 못하는 꿈을 꾸었다고 하자. 그 꿈은 자신의 가장 훌륭한 본성에 어울리지 않는 도구나 태도를 사용하는 꿈을 꾼 사람을 바꾸어놓는다. 기계적인 사물이 잘 작동하지 않는 것은 더 높은 의식을 가진 사람들의 꿈에서 흔한 일이다. 그런 사람들의 꿈에서는 비행기 여행이 끝나지 않거나 차가 그들을 목적지로 데려다주지 않는다. 나는 한 젊은이가 밤에 꾼 꿈을 기억한다. 꿈에서 커다란 상업용 제트 여객기가 승객을 가득 태우고 커다란 엔진소리를 내면서 이륙했지만 활주로 끝을 지나자마자 추락했다. 그는 평생 대부분의 밤에 수개월씩 이 꿈을 꾸었다. 그 남자는 뛰어난 사람이었기에 우리는 이 반복되는 꿈의 의미를 해석할 수 있었다. 그 꿈의 의미는 그 남자가 인생에 대해 기계적이거나 인위적인 태도로 지낼 수 없다는 것이었다. 이기적인 삶의 방식을 꾸려나가기 위한 그의 노력은 근본적으로 속임수다(우리가 여기서 사용하는 단어의 의미에서 기계적인 것이다). 그리고 이 남자의 노력은 효과가 없다. 남자의 뛰어난 본성은 삶에 대한 싸구려 적응을 허용하지 않았을 것이다. 그 적응 방식이 얼마나 세련되거나 독창적인지는 중요치 않다. 남자가 이 원리를 이해하고 삶에 대한 자기중심적 경향을 포기하자, 그 꿈들은 더 이상 매일 밤 남자에게 비행기 충돌을 직면시킬 필요가 없었다.

한번은 내가 천상의 예루살렘으로 가는 길을 발견한 꿈을 꾸었다. 나는 나의 작은 1936년형 포드 자동차에 뛰어 올라탔다. 그 차는 내가 처음으로 소유한 차로 인생에서 항상 가장 특별한 차였다. 내가 길고 구불구불한 길의 정상에 도달했을 때, 천상의 예루살렘의 문지기가 내게 어떤 차도 그곳에 들어올 수 없다고 말했다. 그래서 나는 다시 차를 몰아 내려간 후 걸어서 언덕을 올라갔다. 이윽고 나는 낙원에의 입장을 허락받았다. 나는 다시 차를 몰고 언덕을 내려와, 차를 버리고, 언덕을 올랐다. 그리고 천상의 예루살렘에 입장하는 것을 허락받았다. 나는 꿈속에서 자동차로 대표되는 내적인 속임수를 벗어버리기 위해 나는 일해 왔다. 그런 속임수는 깨달음이나 천상의 예루살렘에 대한 가능한 최악의 모욕이다. 나는 그것을 나의 1963년형 포드 심리라고 부른다.

일련의 철학자들은 영적생활이 더 생동감이 넘치려면 기계적 도움을 대부분 포기하라고 우리에게 조언했다. 월든 연못Walden Pond의 소로우Henry David Thoreau, 물레를 돌리던 마하트마 간디Mahatma Gandhi, 원시인을 이상화한 루소Rousseau, 단순한 생활방식을 회복하고자 한 히피 세계. 이들은 모두 외적 생활의 기계적 차원을 줄임으로써 내적인 속임수를 피하고자 했다. 지나치게 복잡한 우리의 외적 생활방식에 대한 재검토가 필요하다는 것은 옳다. 하지만 가장 무서운 것은 내적 형식의 속임수다. 우리는 단순함의 지지자들이 조언하는 대로 모든 차와 컴퓨터 비행기를 포기할 수 있었지만, 혐오할만한 악마의 거래의 실제 근원인 내적 속임수를 여전히 유지한다. 악마를 피하기 위해 반드시 외적인 것을 포기해야만 하는 것은 아니다. 하지만 아무 쓸모 없는 무언가를 얻기 위한 우리의 사악한 투쟁을 포기할 필요는 있다.

모든 속임수는 무거운 처벌을 요구한다. 악마의 속임수에 참여하면서 방앗간 주인은 자신도 모르게 악마가 요구하는 대가에 동의한다. 심리학적으로 말해서 당신이 속임수를 쓸 때, 당신은 가장 부드러운 감정기능의 손을 잘라내는 것이다. 어떤 외적 이익을 얻는다고 해도 너무 큰 대가다.

우리의 기계장치의 물질적 차원에 문제가 있는 것은 아니다. 이러한 기계 장치는 세계 다른 나라의 선망의 대상이다. 나는 평균적인 가정에서 우리의 노동을 줄여주는 장치들은 한 세기 전에 기본적인 집안일을 시키기 위해 고용한 스물일곱 명의 하인들에 해당한다는 말을 들었다. 차와 컴퓨터, 비행기를 소유하고, 우리가 생활의 보조물로 주변에 둔 다른 물건들의 주인이 된다는 것이 잘못된 것은 아니다. 하지만 인생을 기계적인 관점에서 보는 것은 잘못된 것이고 정서적 대가를 치러야만 한다. 인생에서 넘쳐나는 "물건들"이 개인의 평화를 침식하고 있다면, 잘못된 것은 사람의 태도이지 그 물건들이 아니다. 태도로서 속임수는 항상 무언가를 얻고 그에 대한 직접적인 대가를 사람에게 지불하기를 거절하는 것이다. 방앗간은 완벽하고, 증가한 생산량은 훌륭하며, 새로운 동력은 놀랍다. 하지만 그 과정에 대해 직접적이고 의식적으로 참여하지 않고도 이 모든 것을 얻는다면, 나중에 감당할 수 없는 대가를 지불해야만 할 것이다.

뉴욕시의 관계자들이 발견한 바에 따르면, 일부 게토 지역의 초등학생들 중 대부분은 콘크리트 세계에 거의 완벽하게 둘러싸인 채 지내는데, 그러다 보니 우유가 어디서 오는지도 모르더라는 것이다. 기민한 낙농업 관계자들의 도움으로, 이들은 소 한 마리가 있는 작은 이동용 낙농장을 건설했다. 이 낙농장은 학교들을 찾아다니며 소에게 먹이를 주고, 우유를 짜며, 병에 담는 과정 등을 보여주었다.

그런 후에 우유는 아이들에게 더 많은 것을 의미하게 되었다. 이제 우유는 단순히 가게 냉장고에서 꺼낸 무언가가 아니었다. 이것은 매우 단순한 예다. 하지만 우리 생활의 기계화가 얼마나 다양한 수준에서 우리의 문화를 위협하는지 보여준다. 최근 나는 중서부에 있는 차를 타고 아미쉬 마을을 지나가다가 한 농장을 보았다. 그 농장은 즉각 눈에 띄었다. 그 집에 이르는 전신주가 전혀 없었기 때문이다. 또 작은 검은 말을 그린 마차들을 만났다. 그 마차들은 아미쉬 마을사람들의 유일한 운송수단이었다. 아미쉬 가족은 자동차도, 트랙터도, 전구도, 펌프도, 전화도 사용한 적이 없었다. 이것은 내적인 사실에 대한 주의 깊은 관찰이지만 외적인 수준에서 이루어졌다. 아미쉬 사람들이 자신들의 단순한 생활방식을 외적으로 관찰하듯이, 사람들이 자신의 내적 차원에 있는 기계적인 경향(속임수)을 관찰하고자 한다면, 감정세계에서의 많은 고통을 피할 수 있을 것이다. 나는 아미쉬 사람들의 생활방식을 보고 기뻤다. 하지만 내 직관에 따르면 아미쉬 사람들도 우리만큼이나 내적 속임수의 영향을 받는다. 한 사람이 전봇대를 무너뜨리고 작고 검은 마차를 수송수단으로 채택해야만 했다면, 그것은 우리의 상처 입은 현대적인 감정을 달래기 위해 지불해야 할 작은 대가다. 하지만 그것은 우리의 쟁점과 거의 상관이 없다. 그것은 사실상 내면의 문제인 치명적인 문제를 겉에서 공격하는 것이다. 제대로 된 해결책이라도 잘못된 수준에 있다면 완전히 비효과적이다.

무슬림 국가들에서는 도시의 오래된 구역을 메디나^{medina} 또는 거룩한 장소라고 부른다. 도시의 이 구역에는 차도, 오토바이도, 엔진 구동기계도 출입이 허용되지 않는다. 그 도시 중심의 영성에 방해가 되기 때문이다. 모로코^{Morroco} 페즈^{Fez}의 메디나5) 한복판에 서 있으면서 나는 그곳에 사는 사람들의 얼굴에 평온함이 있는지 몹시 주의 깊게 지켜보았다. 예상대로 나는 그들이 내면의 문제를 외적으로

---

5) 역주: 페즈는 모로코의 유서 깊은 도시로 '살아 있는 화석 도시'로 불리는 '아프리카의 아테네'다. 페즈는 예부터 모로코의 학문과 종교 문화의 중심지였다. 이곳이 유명해진 것은 마호메트의 딸 파티마의 후손인 이드리스 1세 때문이다. 이드리스 1세는 바그다드의 칼리프의 학살을 피하기 위해 자신을 따르는 사람들과 아라비아에서 탈출했다. 이렇게 탈출한 이드리스 1세와 추종자들이 정착한 곳이 바로 페즈였다.

해결하려고 노력했다는 것과 그들의 삶이 현대의 도시에서의 삶들만큼이나 평화롭지 않다는 것을 보았다. 아미쉬 사람들처럼 그들은 내적인 문제를 외적인 방식으로 해결했다. 우리의 임무는 내적 차원에서 생명이 기계화되는 것을 찾는 것이다. 내적 차원은 손상이 일어난 곳이다. 한 힌두의 이야기는 이 주제에 대해 다음과 같이 말한다.

한 성인이 매일 아침 반얀나무[6) 아래에 앉아 적은 수의 제자들에게 기타^{Gita}[7)에 나오는 초연함에 대한 교훈을 가르쳤다. 청중 중에는 그 지역의 왕도 있었다.

왕은 위대한 스승 앞에서 땅바닥에 앉은 다른 모든 이들과 마찬가지로 자신의 자리에 앉아있었다. 그곳에는 가난하게 사는 거룩한 탁발승인 선야신^{sunyasin}도 있었다. 선야신이 가진 것이라고는 말리기 위해 벽에 걸어둔 여분의 로인클로스^{loincloth}[8)와 동냥 그릇으로 쓰는 두개골 반쪽이 전부였다.

---

6) 역주: 벵갈고무나무 또는 벵갈보리수라고도 불리는 나무로 무성한 줄기로 구성된 매우 큰 나무다. 싯다르타가 이 벵갈고무나무 앞에서 깨달음을 얻었다고 알려져 있다.
7) 역주: 힌두교에서 기원전 200년경에 작곡되어 산스크리트어로 쓰인 서사시 마하바라타(Mahabharata)에 편입된 신성한 '신의 노래'다. 크리슈나와 인도의 영웅 아르주나 사이의 인간성과 삶의 목적에 대한 토론을 담고 있다.
8) 역주: 엉덩이와 서혜부를 감싸는 직사각형 모양의 천 조각

어느 날 선야신이 짜증을 내며 위대한 스승에게 불평했다. 선야신은 스승이 호화롭게 사는 왕을 벽에 걸어둔 여분의 로인클로스 외에는 다 포기한 자기만큼이나 경애하며 대하는 것이 불공평하다고 했다. 위대한 스승은 아무 말도 하지 않았다. (몇 시간이나 며칠 후에 어떤 인생의 사건을 통해 질문에 간접적으로 답하는 것이 그러한 교사들의 관습이다.)

다음 날 작은 무리가 위대한 스승의 발치에 앉아 있는데, 전령이 와서 왕의 귀에 무슨 급한 소식을 속삭였다. 왕은 움직이지도 않고 선생님에게만 집중했다. 곧 또 다른 전령이 더 급한 소식을 전하러 왔다. 세 번째 전령이 왔을 때, 그 소식은 강 건너 언덕 위에 있는 왕궁을 급습한 큰불에 관한 것임을 모든 이가 알 수 있었다. 여전히 또 다른 전령이 와서 왕궁이 화재로 인해 임박한 위험에 처했다는 정보를 외쳤다. 이제 모든 사람이 궁전을 향해 오고 있는 화염들을 볼 수 있었다. 믿을 수 없을 정도로 짧은 시간 안에 왕궁은 완전히 화염에 전소됐다.

위대한 스승은 기타에 대한 강연을 이어갔고, 왕은 흔들리지 않고 스승에게 집중했다.

곧 연기의 냄새가 적은 무리에게 이르렀고, 그 다음에 탁탁거리며 불타는 소리가 나더니, 그 다음에 인접한 나무들에

으로 된 의복이다. 초기에는 매는 끈의 형태를 띤 요대 모양이었지만 점점 넓어져서 허리를 전부 가리는 요의가 되고, 이후에 점점 오늘날의 스커트의 형태로 발전했다.

불이 붙었다.

작은 무리가 다가오는 불의 열기를 느낄 수 있을 때, 선야신은 불안감에 폭발하여 벽으로 돌진하여 거기에 걸려 있던 여분의 로인보를 챙겼다. 잠시 후 연기가 걷히자 인접한 언덕 위에 있는 가장 평온하고 화려함 속에 궁전이 있었다. 불은 전혀 보이지 않았다. 선야신은 얼굴에 무언의 질문을 담은 채 제자들의 작은 무리에게로 돌아왔다. 성자가 물었다. "그러면 이제 자기의 재산에 집착한 사람이 누구냐?"

위대한 스승은 선야신을 위해 육체적 소유가 초연함과는 거의 관계가 없다는 생생한 예를 준비했다. 왕은 그 모든 소유에도 불구하고 금욕적인 모습을 과시한 선야신에 비해 속임수를 덜 썼다. 내면세계에서 태도는 어떤 외부의 기계적 변화나 물질적 변화보다 훨씬 중요하다.

왕은 자신의 소유로부터 초연할 수 있지만, 아무것도 소유하지 않은 금욕주의자는 기계적인 세계에 사로잡힐 수 있다. 중요한 것은 태도이지 한 사람이 가진 재산이나 기계적인 물건의 양이 아니다.

우리는 우리 삶의 물질적인 것에 대해 말하는 것이 아니라, 우리가 지닌 기계적 태도와 그러한 태도가 우리에게서 이끌어내는 속임수에 대해 말하는 것이다. 기계의 도움은 표면상 합법적이다. 기계의

100

도움이 없이는 문화가 있을 수 없다. 그러나 그 대가를 지불하지 않고 심리적으로 어떤 것을 움켜쥐는 것은 매우 큰 대가를 치르는 내면의 속임수다. 이것이 악마의 거래다.

악마의 대가 치르기

방앗간 주인(남성성)은 악마와의 협정에서 혜택을 받지만, 어린 딸(여성성)이 그 대가를 치른다. 그러한 흥정이 없이는 문명의 진보를 이룰 수 없다는 것이 명백하다. 손으로 돌리는 방앗간에 머무는 것이 문명에 더 도움이 된다고 주장하는 것은 마하트마 간디와 소로의 오류에 빠지는 것이다. 하지만 우리가 거래를 한다면 우리는 그 거래의 조건을 충분히 알고 있어야 한다. 기계 효율의 진보는 항상 감정적인 대가를 치르게 한다. 최소한 우리가 할 수 있는 일은 이것을 알고 가능한 한 현명하게 대가를 지불하는 것이다. 이 값을 현명하게 지불하는 것은 우리가 한 일과 우리가 한 거래를 의식하는 것이다.

특히 그것은 다른 누군가에게 줄 대가나 무의식적으로는 가치, 기분, 가치감이라는 우리 내면의 여성적인 세계에 줄 대가를 희생시키지 않으면서 자신의 거래에 책임을 지는 것을 의미한다. 의식적인 거래는 그 존엄성과 타당성을 유지하고, 무의식적인 거래는 수많은 증상과 무의미한 고통을 만들어 낸다. 현재의 가격 지불 방식은 가장 현명하지 못하며 남성들이 자신들을 배신했다는 여성 감정의 상당 부분을 차지한다. 방앗간은 더 빨리 돌아가지만, 딸은 손이 없는 채로 남겨진다.

자세히 살펴보면, 이 거래는 여자에게만큼이나 남자에게도 고통스럽다. 그 대가를 지불하는 것은 흔히 남자의 내면에 있는 부드러운 감정적 특성들이기 때문이다. 상처 입은 것은 내면의 본성에서 가장 부드럽고 예민한 부분인 젊은 여성성이다. 남자가 내면의 본성을 인식하는 것은 더 어려운 이유다. 거의 모든 남성의 감정, 가치감, 가치관, 그리고 기분은 여성적인 것이다. 남성 내면의 여성성에 상처를 입히는 것은 그의 모든 감정생활과 가치감에 상처를 입는 것이다. 한 남자의 여성적인 부분은 흔히 남성성에 비해 덜 발달되기 때문에, 남자의 본성에서 이 민감한 부분이 흔히 무시되고 방치된다. 남자들은 대부분 자신의 삶에서 부드럽고 소중한 모든 것을 관리하는 것이 그들의 여성적인 측면이라는 것조차 알지 못한다. 이것은 한 남자의 순진하고, 예민하고, 대체로 알려지지 않은 부분이 그 거래의 대가를 부담한다는 것을 의미한다. 많은 보통 남자들이 자신에게 무슨 일이 일어났는지도 모른 채 불행하거나 긴장하거나 불안감을 느끼는 것은 악마의 대가를 치르는 것이다.

그 드라마가 여성의 내면에서 진행되든 남성의 내면에 있는 여성적인 부분에서 진행되든 그 이야기는 거의 같다. 그것이 여성의 드라마라면, 여성적 가치관은 실제 남자(아마도 그녀의 아버지)에 의해 배신당하거나, 그녀를 둘러싼 가부장제적 문화 혹은 내면에서부터 지배적인 그녀 자신의 남성적 특성에게 배반당할 것이다. 만일 한 남자가 이 치명적인 거래로 고통을 당하고 있다면, 그는 외부에 있는 남성적인 폭군이나 자신의 심리 내에서 진행되는 개인적인 드라마에 지배될 수도 있다.

사람들은 네루^{Nehru}9)에 관해 공감할 수 있다. 네

9) 1947년 독립 후 인도의 초대 수상이다.

루는 인도를 농업사회이면서 단순한 사회로 유지해야 한다고 주장한 자신의 멘토 마하트마 간디^{Mahatma Gandhi}의 고풍스러운 가르침과 중세적 성격에서 벗어나려고 애쓰는 세계에서 두 번째로 큰 국가의 필요성 사이에 끼였던 사람이다. 인도가 한 거래는 효과가 좋지 않다. 집단적인 시도는 이 난제를 해결하기 위한 최상의 접근법이 아니기 때문이다. 나는 총명한 개인에게 가능한 일에 대해 더 낙관적이다. 총명한 사람은 모든 다루기 어려운 집단적 운동에서 발견되는 것보다 더 날카로운 의식을 일으킬 수 있다. 융 박사^{Carl Gustav Jung}는 "우리가 해낼 수 있을까요?"라는 질문을 받을 때마다, "충분한 수의 개인들이 자신의 내면 작업을 한다면(가능하지요)."이라고 대답했다. 상처받은 감정의 문제에 대한 집단적인 해결책은 없어 보인다. 그 문제를 개인적으로 받아들일 만큼 충분히 용감한 개인들이 있을 뿐이다.

숲으로 들어가기

다행히도 신화는 진단과 함께 처방도 제공한다. 진정한 신화는 항상 그것이 묘사하는 병에 대한 치유나 치료를 제공한다. 손 없는 소녀를 위한 치유는 매우 진기하며 우리의 외향적인 현대 정신으로 이해하기는 쉽지 않다.

얼마 동안 손 없는 소녀는 자신의 상황에 만족하며 불평하지 않았다. 어쨌든 이제 손 없는 소녀에게는 집에 하인을 둘 정도로 충분한 돈이 있고, 손이 필요할 정도의 일을 할 필요가 없다. 한 가족의 무의식은 상처 입은 구성원들을 흔히 잘 돌본다. 대부분 그 상처의 근원을 무의식적으로 알고 있다는 죄책감 때문이다. 딸이 아무것도 할 수 없다고

106

불평하자, 어머니는 딸에게 아무것도 할 필요가 없다고 말한다. 딸은 한동안 이 설명에 동의한다. 어리고 순진한 형태의 감정기능은 이와 같은 주장에 특히 취약하다. "아니 모든 것이 이미 잘 돌보아지고 있는데 내가 왜 손이 필요하지?"

가족의 삶은 이어지지만 딸은 점점 불행해지고, 위축되며, 고통스러워한다. 딸은 기계적으로 다루어진 자신의 삶을 점점 수용하지 못한다. 결국, 딸은 울기 시작하고 멈출 수 없다.

이윽고 놀라운 순간이 온다. 그 딸의 타고난 지혜, 즉 아주 깊은 곳에 있어서 누구도 빼앗을 수 없는 지혜가 표면으로 올라오며 그녀의 여성적인 상처에 대한 특별한 치료를 처방한다. 딸은 홀로 숲으로 간다.

여성의 상처는 거의 항상 가만히 있으면 치유된다. 남성 또는 여성의 남성적인 측면은 일반적으로 자신의 문제에 대해 외적으로 영웅적인 입장을 취해야만 한다. 우리의 신화는 영웅적인 남자로 가득 차 있다. 그 남자는 영웅적인 일을 하기 위해 말을 타고 질주한다. 이것이 그가 삶의 잘못들을 다루는 방식이다. 우리는 모두 영웅적 행위에 대한 남성적인 이상을 알고 있다. 그 이상은 중세세계부터 현대까지, 아서왕의 원탁의 기사들로부터 스타트랙에 이르기까지 우리 안에 깊이 배어 있다. 하지만 여성의 특성은 정반대다. 여자가 자신의 문제를 알아차리자, 치유는 자연스럽게 그녀의 본성의 깊은 곳에서부터 일어난다. 고독은 여성에게 남성의 영웅적인 행동과 대등한 요소다.

남자다운 영웅의 임무는 칼과 창을 손에 쥐고 모든 힘을 다해 적에게 돌격하는 것이다. 적은 너무 음흉하고 철저하게 악과 동일시되어 그 적의 사탄적 성격에 대해서는 어떤 의문의 여지도 없다. 거의 모든 가부장제적 문화는 선과 악의 이분법에 근거하고 있다. 중세 정신에 따르면 악을 알아보고, 면갑과 창을 내리고, 온 정력과 힘을 다해서 그 악에게 돌격하는 것보다 더 짜릿한 것이 없다. 악에 맞서 선을 위해 싸우는 것이 남성에게 있는 영웅적 본성의 본질이다.

하지만 중세 정신은 현대 정신 앞에서 사라지고 있는데, 현대 과학에 대한 영향에서 특히 그렇다.

여성의 영웅적인 방식은 현실에 대한 전혀 다른 관점에 근거하고 있다. 여성이 갈등에 직면할 때,

충돌한 반대세력들을 찾아내어 그들 사이에 벌어진 망상적인 투쟁에 종지부를 찍는 것이 여성의 본성이다. 남자는 악에 대한 선의 승리를 확실하게 하기를 원한다. 여성은 둘 사이의 대립을 완화시키고 싶어 한다. 남자는 싸우고 여자는 화해시킨다. 더 정확하게 말해서 이 두 경향은 남자에게서 발견되든 여자에게서 발견되는 남성적인 방식과 여성적인 방식이다.

존 샌포드John Sanford는 딱 맞는 중세시대의 이야기를 들려준다. 당대의 신학자들은 그들의 날카로운 남성적 식별력으로 해결할 수 없는 난제에 크게 괴로워했다. 근시가 아주 심한 사제가 멀리 남부 지방으로 여행을 가는 펭귄 떼를 보았다. 사제는 그 펭귄들이 사람이라고 생각하고, 펭귄들에게 축복기도를 했다. 시력이 안 좋았기 때문이다. 풀 수 없는 난제! 분열은 이런 중요한 문제에 대한 위협이었지만, 누구도 올바른 해결책을 찾을 수 없었다. 누군가 이 문제를 성 테레사에게 가져갈 것을 생각했고, 성 테레사는 즉시 실행가능한 해결책을 찾았다. "그 펭귄들에게 영혼을 주시죠." 성 테레사가 대답했다. "하지만 작은 것으로요." 충돌하는 대립자들 사이에서 길을 찾는 여성적 능력은 신학자들의 흑백사고가 회피한 영웅적인 특성을 가지고 있었다.

손이 없는 소녀는 가장 깊은 지혜를 듣고 숲으로 가서 침묵한다. 이렇게 하면 즉각적인 안도감이 있다. 혼자 있는 것이 거짓된 관계에 있는 것보다 덜 외롭기 때문이다. 소녀는 배고프고, 들장미에 긁히고, 자신의 몸을 돌볼 손도 없이 무력하다. 하지만 소녀는 그 숲의 여성적인 세계에서 편안하다. 내적인 여성성의 천부적인 힘이 바로 여기에 있다.

왕의 정원 찾기

처녀는 우연히(다만 신화의 세계에 우연은 없다) 정원으로
들어간다. 고요함이라는 여성적 재능을 연습한 모
든 여성은 누구나 정원으로 가는 길을 찾을 것이다.
정원은 모든 상징들 중에서 가장 여성적인 것이며,
여성의 존재의 중심이다. 그 밖에도 그 정원은 왕
의 정원이다. 그녀는 자기(Self)에게로 가는 길을 찾
았다. 이 자기라는 중심은 시간과 공간의 외부에
존재하고 인간의 어떤 불운에도 상처받지 않는다.

　왕의 정원으로 가는 길에 소녀는 습지대나 늪을
지나가야만 하는데, 이것은 홀로 가는 여정의 어려
움을 나타낸다. 이 통로는 확실하지 않고 많은 사
람이 가다가 절망으로 죽었던 길이다. 여자는 믿음

을 지키고 견뎌야만 한다. 그렇지 않으면 한적한 늪에서 사라질 것이다. 우리의 손 없는 소녀는 견뎌낸다. 그리고 하늘에서 온 천사의 도움으로 왕의 정원을 찾는다.

정원에는 배나무 한 그루가 있었다. 왕이 많이 아끼는 배나무의 모든 배에는 라벨이 붙어 있고 번호가 매겨져 있다. 이 얼마나 모든 것이 목록화되고 번호가 매겨지는 가부장적 세계에 대한 멋진 상징인가! 왜 그러냐고 묻는다면 그토록 정돈된 삶을 사는 남성적인 사고방식의 소유자는 다른 어떤 근거로도 왕국을 운영할 수 없다고 대답할 것이다. 사실이다. 하지만 이를 위해 어떤 기계적인 대가를 지불해야 할까? 늪지대에서 쓸쓸하게 돌아다닌 손 없는 소녀는 몹시 배가 고팠다. 그녀를 도울 손이 없었기에 더욱 그랬다. 소녀는 손을 쓰지 않고 배를 먹었다. 이렇게 그녀는 살 수 있었다. 배가 무엇인가? 이 별난 상징 뒤에는 무엇이 있을까? 사과가 에덴동산에서 우리에게 상처를 입혔다면, 이것은 무엇인가 비슷하지만 병을 고칠 만큼 충분히 다른 것에 입은 상처의 구원인가? 배는 오랫동안 동정녀 마리아의 상징이었고, 그 형태가 매우 여성적이다.

112

소녀의 손을 잃게 한 것은 악마와 방앗간 주인에 의한 남성적인 행위였으므로, 매우 여성적인 물건이 남성적 행위의 치유를 가져오는 것은 이해할 만하다. 소녀는 매일 배 한 개를 먹었고, 이런 식으로 살아남았다.

왕의 정원사는 하루에 한 개씩 배가 사라지고 있다는 것을 알아차리고 이것을 왕에게 보고했다. 친절하고 정의로운 사람인 왕은 사랑하는 배에 무슨 일이 일어나는지 알아보기 위해 정원사와 함께 숨어서 기다린다. 두 사람은 손 없는 소녀가 그 날 먹을 배 한 개 때문에 아침 일찍 오는 애처로운 광경을 보았다. 왕은 순식간에 소녀와 사랑에 빠졌다. 사소한 관계에서 큰 어려움을 겪는 것은 왕의 배우자가 되는 여자의 흔한 운명이다. 손 없는 소녀의 모든 고통은 현재에 집중되고, 우리는 모든 불운이 그 소녀가 왕과 만날 수 있게 하는 장치였음을 알기 시작한다. 즉, 한 사람의 삶이 때때로 개인적 차원에서 매우 잘못될 때, 그 사람은 최상의 일이 일어날 수 있는 더 깊은 수준으로 내몰리는 것이다.

얼마나 놀라운 사건의 진행인가! 그 손 없는 소녀가 받은 운명적인 상처는 이해되지 않은 남성적 원천에서 왔다. 그런데, 여성적인 방식의 같은 운명적 특성이 그 상처를 완화시켰다. 상처 입은 여성이 고독 속에서 발견되는 여성적 치료력에 대한 믿음을 유지할 수 있다면, 기적처럼 여성적 치유로 가는 길을 찾을 것이다. 이것은 현대의 가부장적 사고방식에는 이질적인 것처럼 보이지만, 여성 안에 있는 남성적 상처를 회복할 유일한 치료법이다. 어떤 남성적 책략도 이런 특정한 종류의 상처에 조금도 영향을 미치지 못한다.

왕이 선물한 왼손

왕은 손 없는 소녀를 데리고 집으로 가서 여왕으로 삼았다. 소녀는 손 없이는 왕비가 될 수 없다고 그에게 애원했다. 왕은 소녀를 위해 모든 것을 할 것이기에 소녀는 손이 필요하지 않을 것이라고 보장한다. 여기 반박하기 어려운 남성적인 논리가 있다! 남성적인 현실의 목소리는 같은 주장을 다시 한번 제시한다! 비록 이번에는 왕으로부터 나왔지만, 같은 남성적 논리인 것이다.

하지만 왕비에게 손이 없다는 것은 매우 거북한 일이다. 그렇다. 왕비에게는 하인들이 있고, 직접 일을 할 필요가 없지만, 손이 없이는 여왕에게 요구되는 우아하고 여성적인 일들을 해낼 수 없다.

그래서 왕은 마술사들을 부르고, 손이 없는 팔에 맞을 은손을 준비하라고 명령했다. 그리하여 새로운 왕비는 은손을 하고 궁정에 나타난다. 궁정에 모인 사람들은 왕비를 보고 기뻐했다. 왕비의 사랑스러운 은손은 온 왕국의 화젯거리가 되었다.

은손이 무엇인가? 이 관대하고 온화한 왕이 지금 어떤 일을 했나? 왕은 자신도 모르는 사이 그 손 없는 소녀의 목숨을 구해준 배를 주었고, 이제 은손을 줘서, 은빛의 우아함으로 인해 소녀가 존경받고 유명해지게 했다. 하지만 왕의 선물 중 하나는 자연적인 선물이었지만, 다른 하나는 인공적인 선물이었다는 점에 주목하라. 여성의 문제에 대한 남성적인 해결책은 반드시 인위적이거나, 더 나쁘거나, 더 기만적인 것일까? 이것은 확실히 아직까지도 가장 세련된 속임수다! 애당초 소녀에게서 손을 빼앗은 것이 남성적인 속임수였다는 것은 진실의 메아리가 아닐까? 이제 수리를 시도하는 마술사들로 대표되는 남성적인 속임수가 더 많아졌다. 하지만 한동안 잘 돌아가긴 해도 그것은 인위적인 수리일 뿐이다.

남자들은 은손이 높은 덕목이라고 여자들을 설득시킬 수 있다. 하지만, 이러한 능력이 남자들의 존경할 만한 특성은 아니다. 흔히 남자는 한 여자를 계속 은손 상태에 머물도록 할 준비를 충분히 하고 있다. 은손의 성격을 결정하는 것은 남자이기 때문이다. 우리는 황금 새장이라는 말을 듣는다. 하지만 아무리 금으로 만들었다고 해도 그것은 여전히 새장이다. 이것은 지배의 또 다른 예다. 그것은 순은이지만, 그 여자에게는 인위적인 생활이다.

우리 이야기의 이 부분에서 끔찍한 암시는 바로 인위성이다. 거의 예외 없이 손 없는 소녀는 타고난 여성성의 사실을 대신하기 위해 인위적인 여성성에 의지한다. 그녀는 자신이 관리하는 은차 세트처럼 부서지기 쉽고 금속성인 획득된 여성성의 예절, 관습, 우아함을 배운다. 그리고 한동안 그녀조차도 이것에 만족한다. 왕국 전체가 그녀의 은손의 우아함에 대한 칭찬과 찬사를 보내는데, 이것은 인간 혈육의 여성성을 대신할 훌륭한 대용품이 된다. 인공적인 기능은 종종 자연적인 기능보다 더 소중하다. 하지만 그것은 단지 대용품일 뿐이고 인간적 가치는 없다.

예절과 훈련, 그리고 우아함의 많은 부분에서 우리는 은손을 사용한다. 종종 그것은 사회 전체를 위한 여성적인 화폐다. 우리는 은손을 사용함으로 인한 끔찍한 배고픔과 외로움을 알아차릴 때까지 우리가 이런 관계 맺음의 방식으로 살아간다고 생각한다. 어떤 외로움도 은손을 사용하는 것만큼 깊지는 않다. 은손을 사용하는 것은 최악이다. 은손은 인위적인 가치로 잘 덮여 있고, 인간의 자질보다 더 높이 평가되기 때문이다.

나는 미국에서 가장 훌륭한 호텔 중 한 곳에서 열린 회의에서 이 이야기를 주제로 강의했다. 은손을 사용한다는 것에 대해 막 이야기를 마친 이 귀족적인 환경에서 그 은손을 사용하는 것의 특징을 보기 시작했다. 미국 어디에서도 나는 이만큼 정성스럽게 대접받지 못했다. 하지만 모든 서비스는 가장 정교하게 만들어진 은이었다! 그 서비스는 모든 졸업생이 은손으로(이 경우에는 순은) 봉사하도록 준비시키는 훈련학교에서 바로 나왔다. 아침 식사 테이블 너머로 나와 인간적인 접촉을 한 덩치가 큰 아일랜드 청년을 제외하고 말이다. 그 청년은 너무 순수해서 학교수업을 받아들일 수 없었다. 그가 진짜 손을 사용했기에 나도 내 손을 사용할 수 있었고, 우리는 따뜻한 인간적인 교류를 했다. 주말 동

118

안에 이루어진 교류는 대부분 내 주변 사람들과 나의 내면에서 모두 조심스럽게 은으로 만들어진 것이었다. 이 주제에 대해 논의한 결과, 나는 그 거대한 호텔에서 의식적으로 은손과 인간의 손의 차이점을 찾았다. 나는 다른 모든 사람들과 마찬가지로 내 평생 동안 무의식적으로 이 차이를 알고 있었지만, 은손과 인간의 손의 틀림없는 차이를 보여주기 위해서는 가능한 한 최고의 은이 필요했다.

은손의 분위에서 가장 먼저 보이는 효과는 그것이 끔찍하게 고립되어 있다는 것이다. 이런 식으로 은손과 접촉하면 그 사람은 고립된다. 사람들은 무의식적으로 같은 기계적이고, 무관하며, 금속적인 방식으로 대답한다. 은손은 관계에서 모든 여성적인 측면의 죽음이다. 금속은 결코 인간성을 대신할 적절한 대체물이 아니다. 아무리 품질이 좋아도 은은 차갑다.

레이 브래드베리^{Ray Bradbury}는 이 이야기를 인도의 이야기꾼처럼 말하고 다시 말하면서 마침내 변형된 형태로 마무리했다. 브래드베리의 이야기는 은손의 끔찍한 결과를 알려준다. 2500년 로봇공학은 예술로 발전했다. 한 여자는 결혼에서 벗어나고 싶지만 배우자를 해치지 않는다. 로봇공학은 이 딜레마를 극복할 수 있는 방법을 제공하기 때문이다. 그녀는 자신을 닮은 로봇을 만들었고, 남편이 모르게 그 로봇이 자신을 대신하게 하려고 한다. 마지막 순간에 작은 문제가 발생한다. 인간은 심장 박동이 있지만 로봇은 60사이클의 잡음(hum)[10]을 낸다. 그녀는 남편의 심장 박동을 녹음하는 일을 로봇의 첫 번째 일로 프로그램하고, 그 녹음된 소리를 기록하고 그 소리를 로봇에 통합시킨다. 그러면 남편이 알 가능성은 없을 것이기 때문이다. 그렇게 해서 로봇은 둘의 결혼생활에 들어왔다. 로봇은 남편에게 가서 필요한 심장 박동 소리를 녹음했다. 그리고 남편의 몸 안에서 울리는 60사이클의 잡음을 발견했다! 은손의 사고방식이 얼마나 궁극의 극단으로 치달을 수 있는지 보여주는 끔찍한 이야기이다.

---

10) 역주: 여기서 잡음은 로봇이 심장소리 대신 내는 잡음을 의미한다. "험(hum)"이라고 불리는 이 잡음은 라디오 수신기의 잡음으로 낮은 피치(pitch:음조)로 "붕"하거나 "웡"하는 소리다. 험은 교류전원에서 혹은 직류전원에 포함되는 맥(MAC; Multiplied Analog Component)동분에서 발생하거나 전기 계통에서 전자 유도 효과에 의해 침입하기도 한다.

울며 숲으로 다시 들어가기

예정된 시간에 왕비는 아들을 낳았고 돌봐주는 하인들이 있어서 모든 일이 순조롭게 진행됐다. 하지만 이해할 수 없게도, 여왕은 어느 날 울기 시작했고 눈물을 멈출 수 없었다. 왕은 독특한 남성적인 논리로 왕비를 설득하려고 노력했다. 모든 일은 하인들이 할 수 있기 때문에 왕비는 아무 일도 할 필요가 없다는 것이다. 하지만 이번에는 왕의 논리가 설득력을 발휘하지 못했고, 왕비는 쉬지 않고 눈물을 흘렸다.

처음에는 재미있지만 생각해보면 견딜 수 없이 슬픈 일이다. 그런데 역사에도 이와 비슷한 사건이 있었다. 루이 16세의 여왕 마리 앙투아네트는 자신

121

이 은손의 삶을 살아온 것을 깨닫게 되었다. 아마도 여왕은 프랑스 왕실의 궁정에서보다 더 고단하거나 매너 있는 삶을 살아본 경험이 없었을 것이다. 그 불쌍한 여왕은 끝없이 반복되는 인위적인 삶에 사로잡혀 있었다. 아름다움, 우아함, 위엄, 그리고 부유함이 도처에 있었지만, 이 모든 것은 일상적이고 흉내 나는 인간다움을 희생시켰다. 마리 앙투아네트는 농부 같고 흉내 나는 것을 자신의 삶 속에 들여오기로 결심했다. 그래서 베르사유 궁전에 암소 외양간을 지으라고 명령했다. 그 왕국에서 최고가는 건축가들이 참여해서 걸작을 지었다. 지금도 베르사유 궁전에서는 그 세련된 외양간을 볼 수 있다. 가장 좋은 소들이 스위스에서 수입되었고 왕비는 시녀들과 함께 첫 우유를 짜기 위해 갔다. 왕비가 흉내 나는 여성성과 접촉한 것이다. 마지막 순간에 왕비는 이 일이 너무 지저분한 시도라고 결론 내리고 하인들에게 우유를 짜도록 지시했다.

왕비는 진정한 존재에 도전할 뻔했으나 마지막 순간에 영감을 잃고 자신의 환경에 은 한 조각을 더했을 뿐이다. 누가 알겠는가? 왕비가 소젖을 짜는 것에 동의했다면, 프랑스 군주제의 비극적인 과정이 변경되었을 것이다. 여성적 원리가 지구(손)와의 연결을 유지할 수 있다면, 남성적 세계와 가부장적 세계가 성층권에 차고 넘치는 일은 피할 수 있을 것이다. 영국에서는 미국에서 쓰이는 "grounded" (전기 용어로 '접지된'을 의미함)이라는 용어를 "earthed"로 표현한다. 두 용어는 모두 적절한 표현이다.

눈물은 더 단순한 영역으로 되돌아가 실패한 임무를 다시 수행할 새로운 기회를 얻을 멋진 방법이다. 우리는 원래 우리가 생겨난 소금바다로 에워싸여 있고, 그 짠맛 나는 세상에 의해 생기를 되찾는다.

왕비는 소금 눈물을 흘리며 울었다. 주변의 모든 찬사와 하인들, 행복을 빌어주는 사람도 왕비를 위로하지 못했다. 순은으로 된 손은 결코 관계를 제공하지 않는다. 모든 여자들은 깊은 여성적 직감으로 이 사실을 안다. 모든 왕국이 순은으로 된 손의 인위성을 바탕으로 번성할 수도 있지만, 어떤 진짜 여성도 이것에 만족하지 않을 것이다. 그래서 왕비는 실행 불가능한 삶의 방식을 눈물로 씻어낸다. 왕비는 모든 여자의 내면에 있는 여성적인 지혜, 본능을 발휘해서 아들을 고독한 숲으로 데려간다. 왕비는 이야기의 앞부분에서 파괴적인 아버지로부터 자신을 구했던 것처럼, 이제 왕의 더 미묘하지만 그 이상으로 위험한 지배로부터 자신을 구한다.

여자에게 어부 왕의 위험이 아버지의 위험보다 결코 덜하지 않다. 이러한 사실을 한눈에 알기는 쉽지 않다. 어부 왕은 매우 친절했다. 방황하는 손 없는 소녀를 일으켜 세우고, 매우 많은 것을 주었다. 순은으로 된 손이라는 가장 귀한 선물이다. 하지만 손 없는 소녀가 받아들이기에 이 선물들은 그녀의 아버지가 악마와 거래를 통해 준 상처만큼이나 위험하다. 순은으로 된 손이 있음에 갇힌다는 것은 자신의 두 손을 잘라냄으로써 무능해지는 것이나 마찬가지다. 오히려 순은으로 된 손이 더 나빴다. 두 손을 잘라내는 만큼 분명하지 않기 때문이다. 많은 여성이 순은으로 된 삶의 방식에 갇혀있지만, 이것이 바로 자신들을 울게 하는 원인임을 결코 알지 못한다.

나는 오래 전에 본 영화의 한 장면을 기억한다. 한 도둑이 사막에서 한 쌍의 연인의 캐딜락을 멈춰 세우고 금품을 턴다. 그것은 거친 세계와 은빛 세계의 만남이었다. 연인 중 여자는 자신이 캐딜락 생활의 죄수로 살아왔다는 것을 사실을 깨닫고, 갑

자기 도둑에게 자신을 데리고 떠나서 그 도둑의 세계로 데려가 달라고 간청한다. 여자는 순은으로 된 손을 도둑의 보헤미안적인 존재와 바꾸길 원한 것이다. 물론 이것은 '여우 피하려다 호랑이 만나는' 격일 뿐이고[11] 전혀 해결책이 될 수 없다. 여자의 삶 속으로 뚫고 들어온 세계, 거칠지만 현실적인 세계에 비해 캐딜락은 갑자기 굉장히 열등하게 보인다. 많은 사람들이 자신의 훌륭한 존재의 빈약함을 결코 깨닫지 못한다. 이것은 여자들에게 가장 흔한 경험이지만, 남성의 열등한 여성적 가치에 대해서도 똑같이 강력할 수 있다.

남자가 자기 내면의 여성의 순은으로 된 손, 즉 자신의 감정기능에 대해 눈뜰 때, 그 경험은 여성의 경험과 비슷하다. 남자는 자신의 독특한 악마가 감정을 흥정하는 것을 배웠다. 즉 온갖 옳은 일을 말하고 행하면서, 기념일에는 장미를 주고, 재치 있게 말하며, 끝도 없이 약속을 남발하며 여자를 현혹시키면서, 상류층과 귀족들의 온갖 점잖은 체는 다하는 것이다. 이 모든 것들은 참되고 귀중한 것

---

11) 역주: 원문에는 jumping from the frying pan into fire라고 되어 있으며, 이는 피호봉호(避狐逢虎)라는 고사성어다.

이지만, 순은으로 된 손이 준 것이라면 그렇지 않다. 남자가 계속해서 발달한다면, 어느 날 남자는 자신이 감정 본능이 준 순은으로 된 손이 달린 물건들을 받아왔고 자기 주변에 있는 모든 사람들을 속여 왔음을 깨달을 것이다. 남자는 세상에 기계적인 상품을 줬지만, 그 안에는 진정한 감정이 거의 담겨있지 않음을 우리가 깨달을 때 그 순간은 고통스럽다. 따라서 남성의 내면에 있는 여성성은 여자들이 거치는 과정과 비슷한 과정을 반드시 거쳐서 남성의 부자연스러운 감정을 치유해야만 한다.

왕비는 순은으로 만든 관계라도 거짓관계보다는 고독이 낫다는 것을 직관적으로 이해했다. 왕비는 모든 여성 치유자 가운데 가장 위대한 치유자에게로 피신했다. 고독이었다. 왕비는 자신의 아기와 함께 숲속에서 가능한 한 가장 소박한 음식으로 살았다. 아무 일도 일어나지 않았다. 현대인이라면 충분히 놀랄만한 일이다. 하지만 이런 종류의 '아무것도 없음'은 치유하는 에너지를 축적하거나 저장하는 것이다.

왕비를 잃은 왕은 제정신이 아니었다. 왕은 왕비를 진심으로 사랑했기 때문이었다. 하지만 왕은 왕비를 짝사랑했고, 왕비에게는 이런 왕의 사랑이 순은으로 만든 감옥일 뿐이었다.

에너지를 비축하는 것은 매우 현명한 일이다. 어디에 에너지를 사용할지 모르더라도 에너지를 비축했다는 것은 자신의 뒤에 힘이 있다는 것이다. 오늘날 우리는 다음 세대에 저당 잡힌 돈이 있어야 살듯이, 정신적 에너지가 있어야 산다. 현대인들은 대부분 거의 항상 지쳐있고, 에너지의 평형을 이루지 못한다. 더구나 그들 뒤에는 에너지 저장소가 없다. 비축한 에너지가 없기 때문에, 현대인은 어떤 새로운 기회도 만날 수 없다.

왕비가 눈물로 채운 회복의 소금물 탕에서 목욕하고 힘을 비축하자마자, 가장 경이로운 일이 일어났다. 다른 많은 놀라운 일들이 그렇듯이, 왕비의 아기가 시냇물에 빠지고, 당장 구하지 않으면 죽게 될 때, 돌발사건처럼 기적이 일어난다. 왕비는 시종들에게 도와달라고 소리친다. 왕비는 이 정도로 은손의 사고방식에 세뇌당한 것이다. 하지만 당연히 어느 시종도 거기에는 없었다. 비축된 힘 덕분이었을까? 숭고한 힘의 순간에, 왕비는 자기 아기를 구하기 위해서 자신의 쓸모없는 은손을 시냇물에 담

갔다. 왕비가 아기를 물에서 건졌을 때, 기적이 일어났다! 아기는 무사했고, 왕비의 손도 살과 피까지 완벽하게 회복됐다.

이 얼마나 멋진 순간인가! 이 얼마나 탁월한 치유인가? 전에 왕비의 눈물이 치료했듯이, 왕비가 치유의 물에 손을 담근 것이 치유를 일으켰을까? 아니면 왕비가 나은 것은 순전히 시간이 지나고, 길고 고통스러운 고독의 과정을 거쳤기 때문일까? 그것도 아니면 갑작스럽게 사랑이 폭발했거나 아이에게 헌신하게 된 걸까? 어떤 경우에도 치유는 경이로운 내적 변화이며 한 여자가 자신의 여성적인 방식을 따를 수 있다는 믿음이다.

새로운 여성성

손 없는 소녀 이야기는 계몽된 우리 시대에 대부분의 현대 여성이 경험하는 어두운 드라마에 대한 예리한 진단과 처방을 제공한다.

가부장적 세계는 우리를 위해 지금까지 알았던 최상의 생활수준과 기계에 의한 기적, 747기, 컴퓨터, 텔레비전, 전 세계적인 운송수단과 같이 이전 세대들이 몰랐던 마법을 만들었다. 이 모든 것들은 어떤 왕이나 황제도 몰랐던 물건들이다. 하지만 손 없는 소녀 이야기는 이 거래의 대가가 무엇인지 말한다.

또한 이 이야기는 우리가 항상 느끼는 외로움과 고통에 대한 단서를 제공한다. 자연이 우리의 고통을 알기에, 치료적 고독과 치유의 눈물은 자연스럽게 우리를 찾아오지만, 우리는 그 고독과 눈물을 제자리에 두거나 그 치료적 가치를 인정하지 못한다. 모든 증상은 치유지만, 우리가 그 증상에 귀 기울이고 응답할 때만 그렇다.

모든 이야기와 신화들에서 그렇듯이, 손 없는 소녀 이야기의 가장 큰 가치는 그 내적인 차원에 있다. 이 이야기의 지혜는 남녀 상관없이 우리 내면 깊은 곳에 있는 남성적인 특성과 여성적인 특성에 적용된다.

손 없는 소녀는 여성의 기본적인 성격에게 그런 것처럼 남성의 내면에 있는 여성성에게도 중요하다. 눈물이 꼭 눈에 보이게 쏟아지는 눈물일 필요는 없다. 하지만 여자건 남자건 내면 깊은 곳에 있는 미묘한 통증일 수 있다. 숲속에 들어가는 것이 꼭 극적으로 혼인관계를 떠나거나 화려하게 외출한다는 뜻은 아니다. 한 사람에게 외부 관찰자가 즉시 인지하지 못할 태도의 변화가 일어나거나 한 사람이 삶에서 조용한 실험을 할 때, 가장 잘 숲속에 들어갈 수 있다.

두 이야기에 담긴 값을 매길 수 없는 유산을 경

청하고, 자신이 직면한 상황에 적용할 두 이야기의
처방을 현대적인 의미로 해석할 수 있는 사람이라
면 누구나 치유될 수 있다.

결론

어부 왕 신화와 손 없는 소녀 신화는 먼 옛날에서
유래한 이야기다. 두 신화는 우리 사회에 닥쳐올
일에 대해 이야기하며 정확한 예측을 제공한다. 지
금 우리 사회 남녀에게 있는 상처를 보기 위해서
천재성이 필요한 것은 아니다. 어부 왕의 상처를
벗어난 남성은 거의 없다. 어부 왕의 상처는 우리
시대에서 가장 지속적인 질병일 것이다. 여성들은
현대사회에서의 자신들의 지위에 대해 분노하며,
자신들의 고통을 표현할 용어를 찾으려고 애쓴다.

이러한 의식의 진화에 대한 전망은 무엇인가? 의
식은 문명의 보기 드문 산물이다. 이 의식은 항상
고통에서 나온다. 이 특별한 형태의 고통으로부터
무엇을 이끌어낼까?

첫 번째 임무는 내면의 고통을 내적인 사건으로
받아들이는 것이다. 사람이 외부의 어떤 사람이나
어떤 기관이 그 문제에 책임이 있다고 비난하는 한,

의식을 배우거나 향상시킬 가능성은 거의 없다.

한 남자가 자신 안에 있는 파르시팔을 찾을 수 있고, 파르시팔에 대해 책임을 질 수 있으며, 그 혁명적인 과정으로 자신의 의식적인 삶을 만들 수 있다면, 이 사람은 성배의 성으로 가는 길을 찾을 수 있다. 결국, 길을 조금 내려가서, 왼쪽으로 접어든 후 도개교를 지나면 된다. 이 사람에게 가장 중요한 임무는 궁금한 점을 질문하는 것이다. 그 남자가 궁금한 점을 묻기만 하면 된다는 사실이 큰 격려가 된다. 남자가 반드시 그 질문에 답할 정도로 충분히 지혜롭거나 강해야만 하는 것은 아니다.

마찬가지로, 개인적이든 문화적이든 자신이 악마의 흥정 극에 얽매여있다는 것을 깨닫는 여자는 고독의 숲을 지나면서 자신의 여성적인 길을 찾고 자신의 진정한 인간성을 발견할 수 있다.

그런 사람은 남자든 여자든 특별한 성격을 지닐 것이다. 그 남자 혹은 여자는 성격의 진정한 감정 구조를 지니고, 자신이 만나는 모든 사람에게서 비슷한 반응을 불러일으킬 것이다. 사람은 다른 사람의 반응이 단지 공손한 예의였는지 아니면 마음에서 우러나고 그 사람의 깊은 곳에서부터 비롯된 선물이었는지를 즉시 안다. 그런 사람들은 치유자이며, 가장 평범한 상황을 통해서도 황금빛 노을을 남긴다. 치유된 사람은 자연히 치유자다. 또한 치유된 사람의 힘은 더 크다. 어두운 시대를 끝내고 세상에 의식적인 해결책을 선물로 안겼기 때문이다.

한 문화에서 상처가 너무 흔해서 아무도 문제가 있다는 것을 거의 알지 못한다면, 문제가 있는 것이다. 우리의 상처받은 감정 기능 즉 인생에서 기쁨, 가치, 의미를 찾을 수 없는 우리의 무능력함이 바로 그러한 경우다. 유명작가인 로버트 A. 존슨 Robert A. Johnson은 두 편의 중세 이야기를 다시 돌아보고 어떻게 이 감정 기능이 우리 현대의 일상적인 것이 되었는지를 조명한다.

***

저자인 존슨은 남성들을 괴롭히는 불안과 외로움을 설명하기 위해 성배 신화에 나오는 상처 입은 어부왕에 대한 이야기를 들려준다. 손이 없는 소녀의 설화에서 저자는 여성의 매우 다른 좌절감을 설명하고, 우리가 겪는 방식의 이러한 불균형이 어떻게 남녀 간의 긴장과 잘못된 의사소통의 많은 부분을 설명할 수 있는지 보여준다. 저자는 통찰력 있는 분석으로 수세기 전에 창작된 두 이야기가 오늘날 훨씬 더 관련이 있음을 보여준다.

저명한 강사이자 융 분석가인 로버트 A. 존슨은 *He(신화로 읽는 남성성 He)*, *She(역서: 신화로 읽는 여성성 She)*, *We(역서: 로맨틱 러브에 대한 융 심리학적 이해)*, *Inner work(역서: 내면작업: 꿈과 적극적 명상을 통한 자기 탐색)*, *Ecstasy(역서: 희열, 기쁨의 심리학)*, *Transformation(변신)*, 그리고 *Owning your Own Shadow(역서: 내 그림자에게 말걸기)*의 저자이기도 하다.

옮긴이 **신장근**

미국 페퍼다인대학교에서 임상심리학 석사학위를 받았고, 아주대학교에서 심리학 박사과정을 수료했다. 현재는 한국 열린사이버대학 국방상담리더십학과에서 상담학을 가르치고 있다. 옮긴 책으로는 『심리치료 사례의 통합적 해석』 (2011, 동문사), 『그림자 밖으로-성중독의 이해』(2011, 시그마프레스), 『권력과 거짓 순수』(2013, 문예출판사), 『신화를 찾는 인간』(2015, 문예출판사), 『창조를 위한 용기』(2017, 문예출판사), 『분열된 자기』(2018, 문예출판사)가 있다.

어부 왕과 손 없는 소녀 – 감정, 무의식의 지름길

초판발행	2021년 4월 29일
지은이	로버트 A. 존슨
옮긴이	신장근
펴낸이	노 현
편 집	최은혜
표지디자인	BENSTORY
제 작	고철민 · 조영환
펴낸곳	㈜ 피와이메이트
	서울특별시 금천구 가산디지털2로 53
	한라시그마밸리 210호(가산동)
	등록 2014. 2. 12. 제2018-000080호
전 화	02)733-6771
f a x	02)736-4818
e-mail	pys@pybook.co.kr
homepage	www.pybook.co.kr
ISBN	979-11-6519-140-5 93180

정 가   10,000원